PSİKOLOG DR. MEHMET ŞAKİR

mezun oldu ve yine ODTÜ'de Klinik Psikoloji yüksek ... nik Doktorasını tamamladı. Sekiz kitap, yüzden fazla bilimsel makale yazdı, onlarca uluslararası kongrede çalışmalarını sundu. Teknoloji bağımlılığı, duygu düzenleme, travma tedavisi, önlem alma davranışları ve krize müdahale konularında çalışmalarını sürdüren yazar Aydın Adnan Menderes Üniversitesi Gelişim Psikolojisi ABD Başkanı olarak görev yapmaktadır.

NASILSIN? | MEHMET ŞAKİROĞLU | PSİKOLOJİ

NASILSIN? | **MEHMET ŞAKİROĞLU** | PSİKOLOJİ

Birinci Baskı: Mart, 2022

Yayın Koordinatörü: Erdem Öztop
Şef Editör: Cem Tunçer
Düzelti: Pervin Salman
Kapak Tasarımı: Gülay Tunç
Sayfa Tasarımı: Burcu Bayam

ISBN: 978-605-74058-9-0

BASKI-CİLT
Turkuvaz Haberleşme ve Yayıncılık A.Ş.
Güzeltepe Mah. Mareşal Fevzi Çakmak Cad.
B Blok No: 29/1/1-Eyüpsultan/İst.
T:+90 212 354 30 00

Sertifika No: 46403

Mehmet Şakiroğlu

Nasılsın?

Psikolojik Check Up

SAHI KITAP

T E Ş E K K Ü R L E R

Projenin ilk gününden itibaren desteklerini hiç esirgemeyen İbrahim Z. Altay, Erdem Öztop ve Cem Tunçer'e, bana güçlü bir yayınevi ile çalışmanın tüm konforunu sağladıkları için...

Projeden ilk bahsettiğim kişi olan değerli meslektaşım Beyhan Budak'a, ailem Aysun ve Öner Şakiroğlu ile başta Esra Topaloğlu olmak üzere araştırma grubumun üyeleri Beyza Toprak, Cihan Erdoğan, Esra Çil ve Ulaş Göçkün'e, katkıları için teşekkür ediyor; bu kitabı, yine, Ege'nin zeytin ağaçlarına ithaf ediyorum.

Çözümün ilk adımı sorunun tespitidir. Yıllarca *nasıl mutlu olurum* sorusuna cevap ararken asıl bulunması gerekenin *neden mutsuzum* sorusunun cevabı olduğunu fark edemedik. Bu kitap iyileşme yolculuğunun ilk adımını atıyor. Üst üste yaşanan kriz ve travmalardan sonra psikolojim ne durumda? Mutlu olmamın önünde psikolojik bir engel var mı? Hangi durumlarda psikolojik değerlendirme almalıyım? Sağlıklı bir hayat için pratik ipuçları nelerdir? Bu ve bunun gibi birçok soruna cevap bulmak için sayfayı çevirmen yeterli.

Hayatın çetrefilli sorularından biridir aslında nasılsın. Soru zor olduğu için de cevabı geçiştiririz genelde: İyiyim.

Cevaplar arasında "mutsuzum", "sana öfkeliyim", "açım", "son zamanlarda hep yorgun hissediyorum" gibilerine pek rastlanmaz, varsa yoksa "iyiyim".

Oysa ki bu soruya teferruatlı ve samimi bir cevap vermek için üç durumu gözden geçirmeli insan:

1) İçinde bulunduğu ruh hali (mutsuzum, öfkeliyim gibi)
2) Fizyolojik durumu (açım, uykusuzum gibi)
3) Bedensel sağlığı (başım, omzum ağrıyor gibi)

Açlık, uykusuzluk gibi fizyolojik durumlar birincil ihtiyaçlarla ilişkili olduğu için ertelenmez, fark edilir. Bedensel sağlık kendi alarmını ağrılarla verir, geçiştirmesi zordur. Zaten fiziksel check up'lar yılda bir yapılmaya başladı. Geriye ruhsal durum kalıyor. İşte sorun burada. Onu hep ihmal ettik. İki yıldır süren pandemi, depremler, seller, terör, kuraklık, hayat pahalılığı acaba psikolojimizi ne yönde etkiledi? Şimdi sormanın tam vakti: Nasılsın?

Bu soruya samimi cevap veriyor olsaydık, sık sık mutsuzum, isteksizim, enerjisizim, sıkıldım cevaplarıyla karşılaşırdık. Siz de muhtemelen kendinizi sık sık bunlardan şikâyet ederken buluyorsunuz. Kanıksanmış bazı semptomlarla beraber yaşıyoruz. Kronik mutsuzluk, tükenmişlik, yalnızlık hissi, çaresizlik, doyumsuzluk hepsi birer toplumsal sorun haline gelmiş durumda.

Hep beraber nasılsın sorusuna cevap aramaya var mısınız?

Bu Kitap Neden Yazıldı?

Her yıl kimi kontrollerimi tekrarlamak üzere check up'a gidiyorum: kan değerlerim, efor testim, iç organlarımın fonksiyonları. Uzun ve sağlıklı bir hayat için kendime iyi bakmalı, düzenli check up'ımı yaptırmalıyım. Peki ya mental açıdan ne durumdayım?

Psikolojik olarak sağlıklı mıyım yoksa "her şeye rağmen" idare etmeye mi çalışıyorum? Ya bir psikolojik sorun kapımı çalmak üzereyse? Depremler, pandemi, ekonomik sorunlar, toplumsal şiddet, medyadaki kötü haberler, cinayet/vahşet programları... Tüm bunlar beni ne yönde etkiledi? Hep içime atıyorum ya da artık hissizleştim diyenler; gün içinde defalarca öfke krizleri yaşayanlar; telefonunu elinden hiç bırakmayıp, alışveriş yapmaktan kendini alıkoyamayanlar; utangaçlığından, kıskançlığından, alınganlığından, herkesi kendisi gibi sanmaktan şikâyet edenler. Tüm bunlar bir sorunun habercisi olabilir mi?

Fiziksel check up'ı üşenip ihmal edenlerden misiniz? Bir şeyin değerini kaybetmeden pek bilmeyiz. Ama psikolojik check up için sabahın köründe evden çıkıp uzun yollar katettikten sonra hastanede onlarca tahlil yaptırmanız gerekmiyor. Evinizin konforunda kahvenizi alıp huzurla kitabınızı okumanız ve kendinizi gözden geçirmeniz kafi.

İşte bu kitap tüm bu soruların cevabını detaylı bir şekilde verebilmeniz ve kendinize psikolojik check up yapabilmeniz için yazıldı.

Tüm hastalıklarda olduğu gibi, psikolojik sağlığımızla ilgilenmek için de hasta olmayı beklemeyelim. Çünkü hastalıklara önlem almak, onları tedavi etmekten hem daha pratik hem de daha ekonomik.

Psikolojik sağlığınızla ilgilenmek için onu kaybetmeyi beklemeyin.

Psikolojik Check Up

Nasılsın?'ı yazma fikri koronavirüs sürecinde ortaya çıktı. Kişiler virüsün korkusuyla hastanelere gidemiyor, psikolojik tedavilerini ihmal etmek zorunda kalıyor öte yandan eve kapanmayla beraber ortaya çıkan belirsizlik süreci de psikolojik yakınmaları artırıyordu. Bu durum evde kolayca kendi kendine uygulanabilir bir psikolojik check up kitabı hazırlama ihtiyacı doğurdu.

Kendi sosyal medya hesabımdan sorduğum "Bu ara bir klinik psikologdan yardım almaya ihtiyacın var mı?" sorusuna cevap veren 20.000 kişinin yaklaşık 15.000'i (%75) evet deyince geniş kapsamlı bir psikolojik check up'a ihtiyaç duyulduğunu anladım. Okurlar "psikolojik check up" isimli bu kitap ile mental rahatsızlıklar hakkında bilgi alıp, rahatsızlıkları önleyici yöntemleri öğrenecek, testi çözerek yaşadıkları şehirdeki uzmanlara başvurabilecekler.

Günümüzde ihtiyaçların pratik yollar ile giderilme alışkanlığının gelişmesi ve psikoloji alanında kapsamlı bir öz değerlendirme kitabının bulunmaması çalışmanın ortaya çıkışında etken olmuştur. Kişilerin mental durum değerlendirmesi almasının önünde çeşitli zihinsel engellemeler/ketlemeler vardır:

Psikolojik yardım almak çok pahalı: Hayır değil. Devlet üniversiteleri ve devlet hastanelerinde gerek çocuk gerekse yetişkin psikiyatri katları, çeşitli belediyelerin ücretsiz hizmetleri ve STK'ların etkinliklerine ulaşma imkânları her zaman mevcut.

Gitsek de ilgilenmiyorlar: İlgilenirler. Psikolojik değerlendirme ve tanı görüşmeleri; test uygulamaları, davranış gözlemleri, soru cevap ve dosya değerlendirmelerini de içeren büyük oranda standart uygulamalardır.

Deli miyim psikoloğa gideceğim: Tüm hastalıklar gibi psikolojik rahatsızlıklara da önlem alınabilir, erken teşhisle hızlı tedavi edilebilir ve utanılmaması gereken sorunlardır. Bu nedenle psikolojik check up ve değerlendirme görüşmeleri fiziksel rahatsızlıklara alınan önlemler kadar doğaldır.

Yardım almak güçsüzlüktür: Değildir. İnsanlar karşılaştıkları sorunları çözebildikleri ölçüde sağlıklı kalırlar. Bu nedenle çözüm aramak güçsüzlüğü değil gücü gösterir, çözmenin de ilk adımıdır.

Benim ciddi bir sorunum yok, kendim hallederim: Ya halledemezsen? Tüm sağlık alanlarında olduğu gibi psikolojik sorunların çözümünde de erken teşhis ve müdahale önem arz eder. Bu hem zaman, hem para hem de enerji tasarrufu sağlar.

Psikolojik sorunumu kimse çözemez: Çare hep vardır. Psikoloji biliminin her bir psikolojik sorunun çözümüne dair yaptığı yüzlerce araştırma vardır. Bu araştırmaların bulgularına uygun şekilde doğru uzman tarafından dizayn edilen tedavi protokolleri ile çok etkili sonuçlar alınmaktadır.

Psikolojik Destek Ne Zaman Alınır?

- Uzun süreli mutsuzluk ve umutsuzluk halinde
- Duygusal çökkünlük ve içe kapanma durumunda
- Öfke patlamaları ve pişmanlık yaşantılarında
- 15 günden uzun süren uyku ve iştah sorunlarında
- Geçmişle ilgili bitmek bilmeyen pişmanlık ve suçluluk hissinde
- Taşınma, boşanma, çocuk sahibi olma gibi büyük bir değişime uyum sağlamakta zorlanmada
- Madde kullanımı ve diğer bağımlılıklarla ilgili şikâyetlerde
- Alışveriş yaparken ve abur cubur tüketirken yaşanan kontrol kaybında
- Kendi doğası içinde çözülemeyen ilişki sorunlarında
- Travmatik bir geçmiş yaşantının etkisinden kurtulamamakta
- Kirlenme, hata yapma, beğenilmeme ve belli görüntülerin istemsiz akla gelmesi ile ilgili yoğun ve takıntılı düşüncelerde

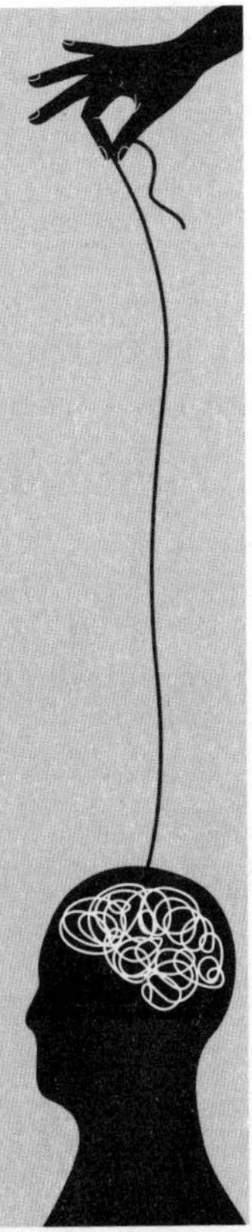

Psikolojik Sağlığımız İçin Risk Faktörleri: İnsanların psikolojik durumları bir günde bozulmuyor. Belli zorlu yaşantılar, mizaç ve kişilik özellikleri, stres, düşünce hataları, destek kaynaklarında azalma, duygusal sıkıntılar bir araya gelerek zaman içerisinde psikolojik duruma zarar verebiliyor. İsterseniz bu psikolojik risk faktörlerini size detaylandırarak açıklayayım:

Tükenmişlik: Hayat mücadelesi ve koşturmacasında bazen dışarıdan iyi görünsek de içeride işler yolunda gitmeyebilir. Psikolojik sorunları beliren insanların çevresindekiler onlar için sık sık "Hiçbir şeyi yoktu, çok iyi görünüyordu" demeye başlar. Her şey dışarıdan yolunda görünürken iç dünyamızı ihmal edersek ateş bizi içeriden yakabilir.[1] Peki birçok

Zamanınızı Yönetmek Sizin Elinizde

Zaman darlığı, vakitsizlik ve işleri yetiştirememek tükenmişliğe neden olabilir. İnsanlar sıkça zamansızlıktan ve yoğunluktan şikâyet eder. Bu şikâyetler kronik hale geldiğinde tükenmişlik yolu açılabilir. Zamansızlık bazen yoğunluktan ama bazen de zaman yönetimini becerememekten kaynaklanabilir. Yapmak istediklerine karar vermek ve bunları gün içindeki saatlere yerleştirmek zaman yönetiminin en basit halidir. Çok şey yapmak isteyip zaman olmamasından şikâyet ettiğimizde zamanı ve yapmak istenilenleri planlamak faydalı olacaktır. Bu plan tamamen kişisel olacağından ipler sizin elinizdedir.

- Zamanın planlanması gün içinde istenip yapılamayan diğer aktivitelere alan açar.
- Engellenmeden çalışılabilecek saatler belirlenerek bölünmeden daha kısa sürede daha verimli çalışmalar sağlanabilir.
- Gereksiz ayrıntılardan uzak durarak genele odaklanmak günlük rutini daha kolay düzenlemeyi sağlar.
- Sizin için değerli olan etkinlikleri sıralayarak başlayabilirsiniz. Bu şekilde öncelikli görevlere odaklanma teşvikini de artırmış olursunuz.
- Önceliğinizi belirledikten sonra üretkenliğinizi ve yaratıcılığınızı artırmanız mümkündür.

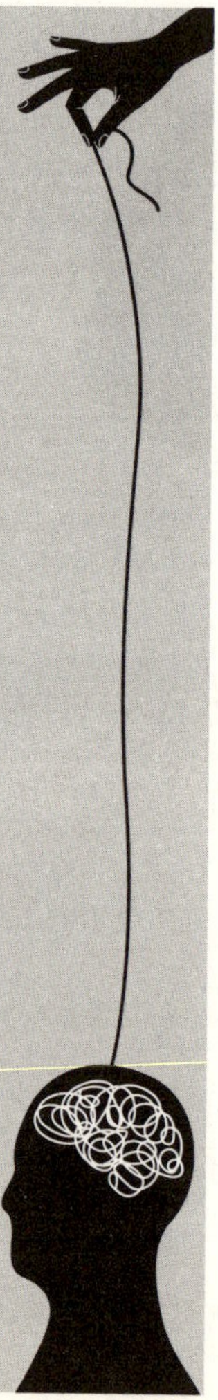

psikolojik rahatsızlığa neden olabilen tükenmişlik halinin sizde var olup olmadığını hangi ipuçları ile anlayabiliriz?

Sabah uyandığınızda o gün yapacağınız işler size heyecan vermez. Bu bedeninizi hareket ettirecek yakıtın bitmesine benzer. Ruhu olan her canlının hareket becerisi vardır ve bu hareket motivasyona bağlıdır. Tükenmişlik yaşayan kişinin güne başlama motivasyonu azalmış olabilir.

Uyku saatlerinde azalma olmamasına rağmen yorgun ya da uykunuzu alamamış hissediyor olabilirsiniz. Uyku hem zihnimizin hem de bedenimizin yenilenmesi için gereklidir. Uyku saatinin aynı olmasına rağmen dinlenmişlik hissinde azalma yaşanması uyku esnasında işlerin yolunda gitmediğinin ve zihnimizin gün içerisinde görmezden gelinen sorunlarla uykuda baş etmeye çalıştığının göstergesi olabilir.[2]

Tükenmişlik arttıkça sorun çözme becerisi azalır ve sorun çözme becerisi azaldıkça sorunlar görmezden gelinmeye başlar.[3] Ama ne yazık ki görmezden gelmek çoğu zaman bir çözüm olamayacağı için o sorunlar sizi içten içe tüketmeye başlar. Durup dururken gelen ağlama nöbetleri, nedenini anlayamadığınız mutsuzluk hisleri birçok zaman bu görmezden gelinen sorunlardan kaynaklanabilir.

Kendisini ihmal eden, hep başkaları için hedef koyan ve hayal kuran insanlar yaşadıkları ihanetlerle hissizleşirler. Hedef koymaktan kaçar hale gelir ve diğerlerinin hedeflerini anlamsız bulmaya başlarlar.[4] Eğer kendinize "Benim yaşamdan beklentim ne?" diye sorduğunuzda aklınıza bir cevap gelmiyorsa, bu tükenmişlikle ilgili bir soruna işaret ediyor olabilir.

Bunların dışında...

Aileden, arkadaşlardan, okuldan/işyerinden, patronlardan gün boyu ne çok talep gelir, hepimiz bunu biliriz. Bu taleplerin bazılarını zevkle yaparken bazılarını yapmayı hiç istemeyiz. Ama insanları kırmamak ya da olumsuz hava oluşturmamak için yapmak istemediklerimize kimi zaman

Anlamlı Yaşam

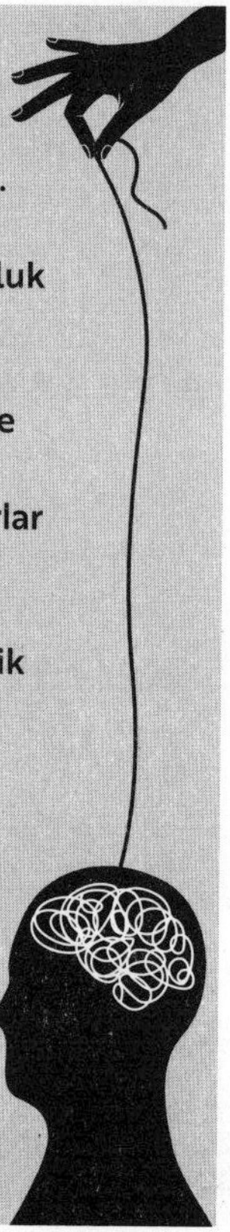

Anlamlı bir yaşam sizi psikolojik sorunlardan koruyabilir. Mutluluk güzel yaşantılardan ziyade o yaşantılara verdiğimiz anlamlarla alakalıdır. Anlamlı bir hayat mutluluk ve psikolojik esenlik kaynağıdır. Amaç belirleyip bunları gerçekleştirme çabasında bulunanlar, bulunmayanlara göre öznel açıdan daha iyi durumdadırlar ve uzun vadede iyi olma ihtimalleri daha fazladır. Yaşama verdiği anlam dahilinde hedefler koyanlar, içsel motivasyon sahibi olurlar ve sabahları uyanırken bir sebepleri olur. Hayatını kendi belirlediği anlamlar ile yaşayan kişiler daha fazla yaşam doyumu ve mutluluk, daha yüksek özsaygı ve açık fikirlilik ve daha az depresyon, kaygı ve genel sağlık problemi bildirmektedirler.

Spor sizi mutlu etmez, zinde olmanızı sağlar, sizi mutlu eden zinde olmaya verdiğiniz anlamdır. İyi beslenme sizi mutlu etmez, fit olmanızı sağlar, sizi mutlu eden fit olmaya verdiğiniz anlamdır. Sosyalleşmek, alışveriş yapmak, misafirliğe gitmek ve tüm diğer mutluluk veren şeyler için de bu geçerli. Mutluluk yaptığımız şeyle değil ona verdiğimiz anlamla alakalıdır.

tamam deriz ve işte bu, zamanla tükenmemize yol açar. Onlara hayır diyemediğimiz için angaryalarımız artar, bu durum kendimize öfkelenmemize neden olur ve içerideki yangının şiddeti artar. Haliyle, git gide daha umutsuz bir hale bürünürüz. Oysa umut olmadan; yaşam olaylarının iyi gideceğine, düzeleceğine, olumlu şeyler olacağına inanç olmadan, insan devam edecek gücü kendinde bulamayabilir.

Bu yönü itibariyle de umut dolu kişiler canlıdır, enerjiktir ve yaşama bağlılıkları yüksektir.

Umut bugünden yarına hareketimizi sağlayan yakıttır. Hem enerji kaynağı hem de yaşama nedenidir. Ne yazık ki aksilikler üst üste gelince umut azalabilir. Umudun azalması isteksizliğe, tükenmişliğe, hayattan elini ayağını çekmeye dolayısıyla psikolojik sorunlara yol açabilir.

Bunların dışında, stres de tükenmişliğe yol açabilir. Kısa süreli stres doğadaki hemen hemen her tür için hedef odaklı bir uyarılma sağlar ve faydalıdır. Acıktığında avlanmak, uykun geldiğinde güvenli bir yer bulmak gibi ihtiyaçları giderene kadar stres olmak gerekli enerjiyi sağlar, yaklaşık 45 dakika sürer ve amaca ulaşıldığında sona erer. İnsanda ise iş memnuniyetsizliği, evlilikten düşük doyum, yaşanılan şehri sevmemek gibi bazı stresli durumlar bırakın 45 dakikayı 4,5 yıl bile sürebilir. Bu tür stresin neden olduğu kronik uyarılmışlık hali fiziksel ve psikolojik birçok hastalığın nedenidir. Sizde strese neden olan bir durum uzun süre devam ederse kronik stres yaşayabilirsiniz ve bu psikolojik sorunların ortaya çıkmasını kolaylaştırır.

Tükenmişliğin en sık rastlanan şekli işyeri (profesyonel yaşam) tükenmişliğidir.[5] Bu tür tükenmişliğe şu faktörler se-

Tükenmişlik Yaşıyor Olabilir miyim?

- ❑ *Eve döndüğümde kendimi sömürülmüş ve tüketilmiş hissediyorum.*
- ❑ *Sabah uyandığımda yataktan çıkmakta ve güne başlamakta çok zorlanıyorum.*
- ❑ *Kendimi yük gibi hissediyorum.*
- ❑ *Diğer insanların yaşantısına hiçbir katkım yok.*
- ❑ *Kapana kısılmış gibi hissediyorum.*

bep olabilir: İşverenin yüksek beklentileri, mobbing uygulayan meslektaşlar, değerlerinize uygun olmayan şirket anlayışı, fazla iş yükü, adil olmayan düşük ödül sistemi, yetersiz bilgi ve beceri ile zor bir işi yapmanız…

Mükemmeliyetçilik: Kişinin kendisi ve yakın çevresindekiler için yüksek standartlar tanımlaması ve bunları sağlama çabasıdır. Standartlar zor ulaşılır noktalara çıktığında tatmin olma, özsaygı, özgüven, yeterlilik hissi gibi kavramlarla aramızı bozup psikolojik sorunlara yol açmaya başlayabilirler. Sınavdan 85 almanın tatminini yaşaması beklenen bir mü-

Kendinizi Kabul Edebilirsiniz

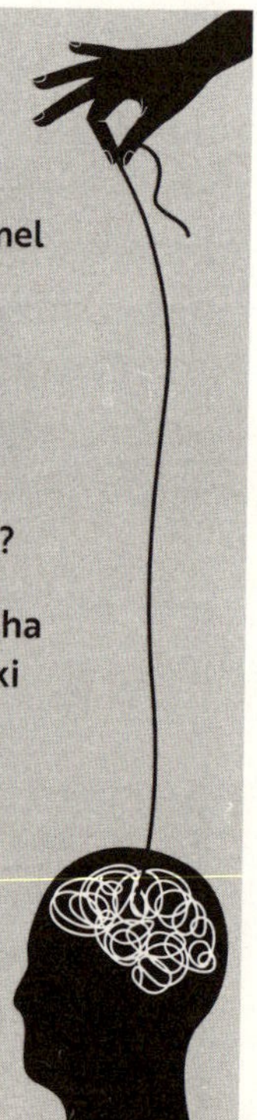

Kişinin kendisinden yüksek beklentilere sahip olması mükemmeliyetçiliğe neden olabilir. Hiç kimse mükemmel olmadığı gibi herkesin eksi yönleri, kendinde memnun olmadığı özellikleri vardır. Sağlıklı olan, olumsuz tarafın farkına varıp bunu kabul edebiliyor olmaktır. Değiştirilmesi, geliştirilmesi gereken yönünüzle barışık olmak size daha huzurlu bir yaşamın kapısını aralar.

Artımızı eksimizi gördük, kabul ettik, peki ne değişecek?

- Kendini kabul süreci ile özsaygınızın artması sizi daha girişken kılacaktır. Bu girişim belki iş hayatında belki de sosyal ilişkilerde kendini gösterebilir.
- "Ben"deki olumlu ve olumsuzun farkında olmak sınırlarınızı bilmenize ve yaratıcılığınızı doğru yönlendirmenize yardımcı olacaktır.
- Diğer taraftan kendimizi kabullenme ile başlayan süreç kişilerarası ilişkilere de taşınabilir. Bu durumda başkalarını da önyargısız, eleştirisiz, daha esnek değerlendirebilirsiniz.

kemmeliyetçi standardını 95 olarak koyduğu için başarısızlık algısı ile özgüvenini azaltabilir. Ayrıca mükemmeliyetçilik diğerleri ile ilişkilerimizi de zora sokabilir. Düşünsenize, siz sınavdan 70 aldığınız için kutluyorsunuz ve yanınızdaki kişi 85 aldığı için ağlıyor!

Uyumsuz mükemmeliyetçilik, başarısızlık ve yetersizlik hissi ile kol kola psikopatoloji için risk faktörü oluşturur. Zaman zaman hata yapma korkusu hiç yapmamaya ya da erteleme davranışlarına neden olabilir. Mükemmeliyetçi olduğunuza dair ipuçları için erteleme davranışlarının yanı sıra şu özelliklerinizi gözden geçirebilirsiniz:

- yoğun hata yapma korkusu
- yüksek onaylanma ihtiyacı
- siyah beyaz düşünce tarzı
- sürekli tekrarlama/düzeltme nedeniyle bitirememe
- kararsızlık

Mükemmeliyetçiler için temel sorun "mükemmel olmayacaksa hiç olmasın" düşüncesi temelli yaşadıkları deneme-

Mükemmeliyetçi Olabilir miyim?

- ❑ *Yaptığım iş kusursuz olmazsa çevremin beğenisini kazanamam.*
- ❑ *Ancak başarılı olursam çevremin saygısını hak ederim.*
- ❑ *Bir iş üzerinde çalışırken onun kusursuz hale gelmesi için defalarca gözden geçiririm.*
- ❑ *Bir işe başlamak için en iyi koşulların oluşmasını beklerim.*
- ❑ *Bir iş mükemmel olmayacaksa hiç yapmamayı tercih ederim.*

me, başlamama ve buna bağlı yaşanan başarısızlıklardır. Başarıya verdikleri yüksek anlam onları başarısız kılar.[6]

Erteleme Davranışları: Kişinin yapmakla sorumlu olduğu bir işi bilinçli olarak ileri zamana bırakmasıdır.[7] Mükemmeliyetçi insanlar "en mükemmel zaman"ı beklerken ertelerler. Bu genelde mükemmel olsun derken başarısız olmaya neden olur. Bu nedenle psikolojik sıkıntılara yol açabilir. Erteleme bazen olası bir başarısızlığa mazeret hazırlamak için yapılabilir. Ertesi gün önemli bir sınava girecek öğrencinin arkadaşları ile sinemaya gidip, bunu sınavdan kötü not aldığında "Zaten çalışmayıp sinemaya gitmiştim" bahanesini üretmek için kullanması örnek verilebilir.

Değerlendirilme kaygısı ve başarısız olma korkusu yüksek olan kişiler bazen olası bir başarısızlığa bahane bulmak bazense başlamak için en iyi zamanı beklerken ertelerler. Bu erteleme başarısızlıklarına neden olarak psikolojik rahatsızlıkların kapısını aralayabilir. Bu durumda zararlı erteleme davranışının ipuçları aşağıdaki şekildedir:

Erteleme Davranışlarım Olabilir mi?

- ❑ *Değerlendirilme kaygısı*
- ❑ *Başlamakta zorluk*
- ❑ *Başarısız olma korkusu*
- ❑ *Tembellik*
- ❑ *Motivasyon eksikliği*

Yalnızlık: Arkadaşlarınla buluşmayı, ailenle zaman geçirmeyi, etkinliklere katılmayı, hobilerinle uğraşmayı, çocuklarınla ilgilenmeyi, komşulara hal hatır sormayı ihmal etmediğin halde son zamanlarda bunlarda azalma olması yalnızlık miktarının arttığına işaret edebilir. Yalnızlık psikolojik problemlere en çok davet çıkaran koşullardandır. Yalnız hissetme hali ruhsal açıdan bir tehlike alarmı olabilir. Yalnızlaştıkça içe kapanır, içe kapandıkça insanı besleyen en önemli kaynaklardan biri olan sosyal destek sisteminden mahrum kalırsın. Yalnızlık süresi arttıkça kimse seni sevmiyor, önemsemiyor gibi gelmeye başlar. Bu, insanlardan daha da uzak durmana hatta onlara ihtiyacın yokmuş gibi bir düşünce hatası yapmana neden olabilir. Oysa insanın özerkliğe ne kadar ihtiyacı varsa aidiyet hissetme ve sevilmeye de o denli ihtiyacı vardır. Yalnızlıkla ilgili ipuçlarının ilkini de bu sevilme ihtiyacına ayırabiliriz:

Sevilme ihtiyacı insanın esenlik halini sürdürebilmesi için gerekli ihtiyaçlardandır. Özellikle iyi hissetmediğimiz zamanlarda sevilmediğimizi, sevgiye layık olmadığımızı ya da sevgiye ihtiyacımız olmadığını düşünebiliriz. Oysaki grup içinde hayatta kalabilen ve kendisini diğeri ile tanımlayan insan için aidiyet, sevilme ve bir aradalık yaşamsal önemdedir. İşte böyle zamanlarda bu inanca yapışıp kalmak daha kötü hissetmemize neden olur ve psikolojik sorunların da kapısını aralar. Özellikle hassas yapınız ve hatalı düşünceleriniz nedeniyle yalnız kalıyorsanız bu önemli bir risk faktörüdür. Sizi görmeden geçen bir arkadaşınızla ilgili "Bana selam vermeden geçti" diye düşünüyorsanız, bu duruma iyi bir örneksinizdir.

Sevilme ihtiyacının yanı sıra, yas ve kayıp durumları da içinize kapanmanıza yol açabilir. Yakın zamanda sevdiğiniz bir insanı kaybetmeniz psikolojik sorunlar için kolaylaştırıcı faktörlerden biridir. Yasınızı yaşadıktan sonra normal hayata dönmekte zorlanıyorsanız bu bir hastalık habercisi olabilir. Her acı yaşanır ve belli bir süre sonra sona erer. Kayıpta iki aylık bir yas süreci normal karşılanır. Bu süreçte geri çekilme, insanlarla etkileşimde azalma, sosyal etkinliklere katılma konusunda isteksizlik beklenen bir halken, sürenin uzaması ve normal hayata dönüşte zorlanmalar sorunludur. Özellikle son üç yıl içinde eş kaybı yaşamış olmak erkeklerde intihar ve depresyon riskini artırmaktadır.

Japonya'da "hikikomori" olarak adlandırılan bir hastalık tam da sosyal içe çekilme ile tanımlanmaktadır.[8]

Evcil Hayvan Sahiplenebilirsiniz

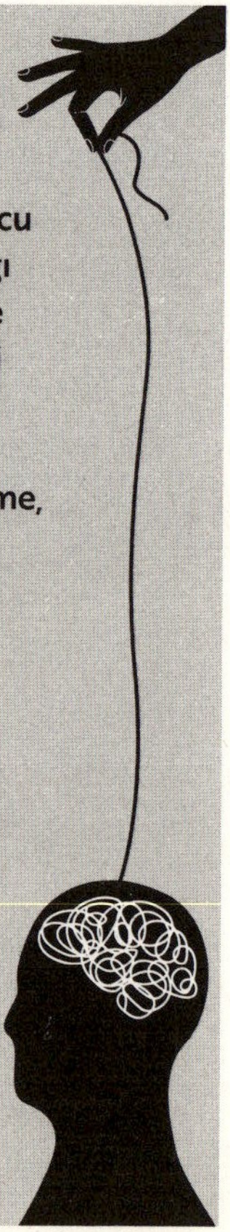

Günümüzde yüksek iş yükü ve stres dolayısıyla sosyal çevremizle zaman geçirmekte zorlanıyoruz. Bunun sonucu yalnızlık ve doyumsuzluk. Evcil hayvanlar temas rahatlığı sunmaları ve koşulsuz kabullenme özellikleriyle sevilme ihtiyacımızı karşılarlar. Evcil hayvanla yaşam her gün bizi büyük bir coşku ve sevgiyle karşılayan çıkarsız bir dost sağlayarak bu sorunları ortadan kaldırır. Ayrıca hayvan sahiplenmenin düşük depresyon düzeyi, sağlıklı beslenme, düzenli egzersiz ve sigara içmeme gibi sağlıklı yaşam durumları üzerinde olumlu etkileri vardır.

- Bireyler evcil hayvanlar ile beraber yaşamaya başladıktan sonra daha iyi iletişim kurarlar, insanları daha iyi anlarlar ve daha sosyal davranışlar sergilerler.
- Evcil hayvanlar sayesinde güne pozitif başlar ve bu pozitifliği iş hayatına, sosyal hayatınıza ve kişilerarası ilişkilerinize yansıtma fırsatı bulursunuz.
- İşten dönerken evde sizi büyük bir sevgi ve coşkuyla karşılayacağını bildiğiniz birinin olması hayatınızı daha anlamlı hale getirir.

Yalnızlık Yaşıyor Olabilir miyim?

- ❑ *Yeni insanlarla tanışmaktan ve yeni ortamlardan çekiniyor musunuz? Kendinizi tanıtmakta, telefon görüşmeleri yapmakta ve grup etkinliklerine katılmakta güçlük mü çekiyorsunuz?*
- ❑ *Kendinizi olumsuz mu algılıyorsunuz? Bedensel görünüşünüzü beğenmiyor, kendinize karşı fazla eleştirel mi davranıyorsunuz?*
- ❑ *Kişisel yaşantı ve sıkıntılarınızı paylaşacak birini bulmakta zorlanıyor musunuz?*

Gerektiğinden Fazla Hassas Olabilir miyim?

- ❑ *Olumsuz olaylar yaşadığımda etkisi bende diğer insanlardan fazla oluyor.*
- ❑ *Filmlerdeki şiddet içerikli ve duygusal sahnelerden çok etkilenirim.*
- ❑ *Sık sık ağlarım.*
- ❑ *Sırf çevremdekiler üzülmesin diye söylemek istediklerimi içime atarım.*
- ❑ *İmkânım olsa tüm paramı ihtiyaç sahibi insanlar için harcardım.*
- ❑ *Empati becerim çok yüksektir.*

Affedin

Affedebiliyor olmak alınganlığın verdiği zararları azaltabilir. Affetmek suçlu olduğunu düşündüğümüz kişiye yönelik olumsuz duygu ve düşüncelerimizden gönüllü olarak vazgeçmeyi tercih etmemiz anlamına gelir. Kırılmak, üzülmek, alınmak, kızmak gibi durumlar da olumlu duygular kadar hayatın içinde vardır. Önemli olan bunlarla ne yapacağını bilmektir. Alınganlıklar ve kırgınlıkları uzatıp, bu durumun oluşturduğu duygusal yük ile yaşamak yerine affetmeyi öğrenerek bu yükleri üzerimizden atıp yola devam etmemiz daha sağlıklı olabilir:

- Kırgın olup üzülmek, kızıp intikam almaya çalışmak yerine karşı tarafın geçmişteki davranışlarını, niyetini ve mevcut problemi değerlendirerek affetme yolunu seçmek bazen daha büyük rahatlama sağlayabilir.
- Affetme fikri empati yapmaya sevk eder. Karşı tarafı yargılamadan anlamaya çalışmak gibi daha olumlu yollara yöneltir. Bu durum ilişkileri daha uzun soluklu kılar.
- Affettiğiniz kişiyi tekrar hayatınıza sokmak zorunda değilsiniz, buradaki temel amaç düşmanlığın yol açtığı olumsuz hislerden arınmaktır.
- Bazen affedilmeyi bekleyen kendimiz de olabiliriz. Kendimize kızdığımız, pişmanlık yaşadığımız durumlarda kendimizi affetmek en iyi çözüm yolu olabilir. Zira kızgınlık, nefret insanı yorar, aklını meşgul eder.

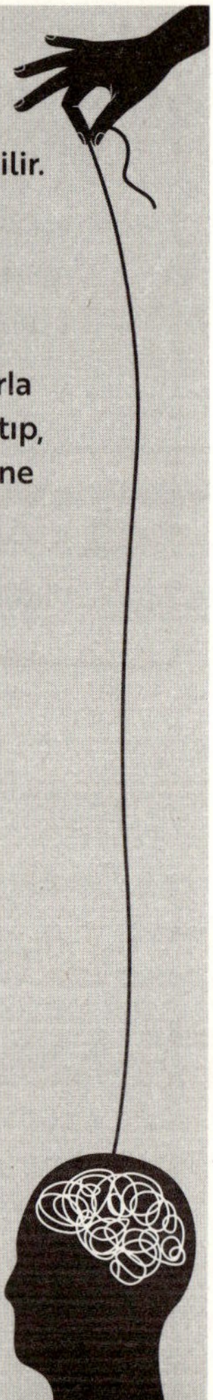

Hassas ve Alıngan Olmak: Afetlerin çok yaşandığı, göç alan ülkelerde hassasiyet ne yazık ki bir psikopatoloji kolaylaştırıcısı olabilir. Bunun iki temel nedeni var. Birincisi medyadaki kötü haberlerden fazla etkilenip gün boyu mutsuz gezenler. İkincisi diğer insanlara karşı fazlasıyla verici olduğu için kendilerini ihmal edenler. Bu kişiler genelde biriktirirler ve bir anda patlarlar.

Çocukluk Çağı Travmaları: Çocukluk çağı travmaları diye de adlandırabileceğimiz geçmiş olumsuz yaşantılar; duygusal, fiziksel, davranışsal ve kişilerarası ilişkiler alanlarında sağlıklı gelişimi etkileyen durumlardır.[9]

Çocuğun yetişkin tarafından kaza dışı yaralanması fiziksel,[10] çocuğun bir erişkinin cinsel gereksinim ve istekleri için kullanılması cinsel istismardır.[11] Duygusal istismar çocuğun niteliklerinin sürekli kötülenmesi, eve kapatılma, terk etme tehdidi, topluma uygun olmayan şekilde yetiştirme, yaşına uygun olmayan beklentilerde bulunulması, reddetme, aşağılama, tek başına bırakma, suça yöneltme, kendi çıkarına kullanma, yetişkin rolüne sokma[12] gibi çocuğu duygusal olarak örseleyen davranışlara denir. Kötü bakım da denen ihmal, çocuğun temel ihtiyacı olan bakım ve korumanın sağlanmamasıdır. Çocuğun beslenme ve eğitimden yoksun bırakılması fiziksel; cinsel sömürüye karşı korunmaması cinsel; sevilmemesi, yakınlık, ilgi gösterilmemesi ise duygusal ihmal örnekleridir.[13] İhmalin pasif, istismarın aktif davranışlardan oluşması ayırt edici olur.

ÇÇT ile, sonraki dönemde yaşanan madde kötüye kullanımı, travma sonrası stres bozukluğu, cinsel işlev bozukluğu, depresyon, obsesif-kompulsif bozukluk veya saç, anksiyete bozuklukları arasında pozitif ilişki bulunmuştur.[14]

Travmatik Yaşantılar: Son iki yılda aşağıdaki olaylardan bir ya da fazlasını yaşadıysanız, o olayın etkileri hâlâ devam ediyor olabilir.

- Sel, kasırga ya da büyük bir deprem yaşamak
- Savaş alanında bulunmak
- Cezaevinde yatmak
- Hayati tehlike içeren bir hastalığa yakalanmak
- Dövülmek, soyulmak, bıçaklanmak gibi bir fiziksel saldırıya uğramak
- Trafik kazası ya da patlama yaşamak
- Terör eylemine tanık olmak
- İşkence görmek
- Sevdiğiniz bir aile üyesini kaybetmek
- Cinsel saldırıya uğramak
- İflas[15]

Deneyimlediğiniz travmatik olayın üzerinizdeki olumsuz etkisinin devam edip etmediğini anlamak için bu iki cümle üzerine düşünmeniz önemli:

- Sık sık bu olayı düşünmemek için çaba sarf ettiğimi fark ediyorum.
- Gün boyu sık sık bu olayı hatırlatan durumlarla karşılaşıyor ve kendimi olayı düşünürken buluyorum.

Bu iki cümleye verdiğiniz yanıt aslında hâlâ zihninizin bu olayla vakit harcadığını düşündürür. Hem bir olayı düşünmek hem o olayı düşünmemeye çalışmak zihnimizin o olayla meşgul olduğunu gösterir.

Genetik Yatkınlık: Geniş ailenizde belli psikolojik sorunları yaşayan akrabalarınız varsa, o psikolojik sorunları yaşama ihtimaliniz diğer insanlardan fazladır. Mesela genç yaşlarda odasından çıkmayıp sonunda o odada hayatına son veren bir akrabanız varsa, çocuğunuz aynı yaşlarda kendisini odasına kapatmaya başladığında onu bir uzmana götürmeniz uygun olur. Veya yıllarca mutsuz, yorgun, isteksiz, insanlardan uzak durmuş ve ilaç kullanmaya başlar başlamaz düzelmiş bir akrabanız var ise benzer semptomları kendinizde gördüğünüzde ilaç kullanmak için yıllar geçmesini beklemeyin.

Diğer Risk Faktörleri

Tablo 1'de görüldüğü üzere bu risk faktörleri *erken doğum,*[16] *olumsuz yaşam olayları,*[17, 18, 19] *kronik hastalıklar*[20, 21] *ebeveynlerin hastalığı* ya da psikopatolojisi,[22, 23, 24] *ebeveynlerin ayrılması, boşanması, ölümü ya da tek ebeveyn ile birlikte yaşamak,*[25, 26, 27] *ergenlik döneminde anne olmak,*[28] düşük *sosyo-ekonomik düzey, ekonomik zorluklar ve yoksulluk,*[29, 30, 31; 32, 33] çocuk ihmali ve istismarı,[34, 35, 36] *savaş ve doğal afetler gibi toplumsal travmalar,*[37, 38] *toplumsal şiddet ve ailevi felaketler*[39] ve *evsizlik*[40, 41] olarak sıralanabilir.

Tablo 1. Psikolojik Sağlamlık Araştırmalarında Ele Alınan Risk Faktörleri (Gizir, 42)

Bireysel Risk Faktörleri
• Erken Doğum • Kronik Hastalıklar
Ailesel Risk Faktörleri
• Ebeveynlerin hastalığı ya da psikopatolojisi • Ebeveynlerin boşanması, ölümü ya da tek ebeveyn ile yaşamak • Ergenlik dönemde anne olmak
Çevresel risk faktörleri
• Ekonomik zorluklar ve yoksulluk • Toplumsal şiddet ve ailevi felaketler • Evsizlik

Psikolojik Sorunlara Yakalanmanızı Kolaylaştıran Düşünceler

Psikolojik sorunlara neden olan durumlar kadar, belli durumlara dair yaptığımız yorumlar ve düşünme şekillerimiz de psikolojik riskler oluşturabilir. Eşi evlilik yıldönümlerini unutan kişi bu nedenle değersiz olduğunu düşünürse daha çok üzülür. Karanlık bir yolda yürüyen biri yolun karşısından gelen kişinin ona bıçakla saldıracağını düşünürse daha çok ürker. Trafik ışığında beklerken arkadan çalınan kornayı "bana küfrediyor" diye algılayan kişi daha çok öfkelenir. Yani durumlar kadar, o durumlara dair yorumlarımız da duygularımızın şiddetini belirler.

Stoik filozof Epiktetos bundan 2.000 yıl önce "İnsanları mutsuz eden olaylar değil, olaylara dair yaptıkları yorumlardır," demiştir. Elli yıl önce Arnold Lazarus, psikoterapinin temelde hayata dair yanlış yorumları düzelterek tedaviyi sağladığını belirtmiştir. Aaron Beck'in bilişsel terapisinin temel kabulü, psikolojik sorunlara kişinin kendisi, çevresi ve geleceği ile ilgili hatalı düşüncelerinin yol açtığı yönündedir. Depresyonda geçmiş kayıplar, kaygı sorunlarında ise olası risklerle ilgili abartılmış düşüncelere rastlanabilir.

Bilişsel Esneklik

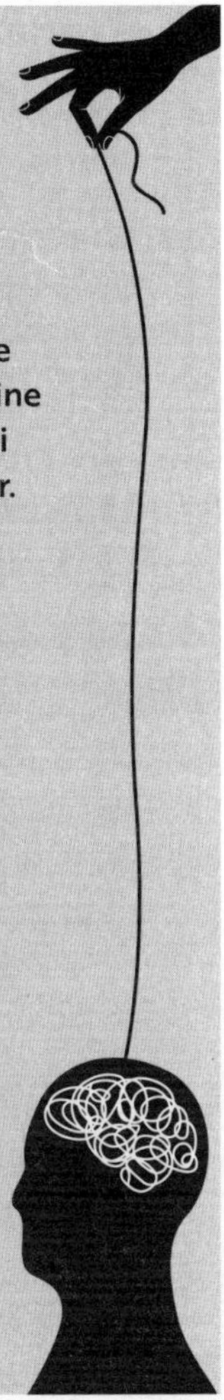

Katı kurallar, sert sınırlarla yaşamak hayatı zorlaştırıp psikolojik sorunlara kapı aralayabilir. Sürekli değişen bir hayat içinde keskin çizgilerle yol almaya çalışmak rahat bir yolculuktan eziyete dönüşebilir. Değişimlere adapte olmayı ve zihinsel kodların yeni durumlara revize edilebilmesini bilişsel esneklik becerileri kolaylaştırır. Yine bu beceriler sorunlara çözüm üretebilmeyi, alternatifleri fark etmeyi ve problem odaklı baş etmeyi mümkün kılar. Bu yüzden sınırlarınızı esnetin ve gerektiğinde çizgilerin dışına çıkabilin.

Çünkü bilişsel esneklik;

- Gelişen olaylar karşısında alternatif çıkış yollarını görmemizde faydalıdır, uyum sağlayabilme yeteneğimizi artırır.
- Sınırları esnetmeyi, tolerans gösterebilmeyi ve problem çözmeyi kolaylaştırır.
- Değiştiremeyeceğimiz olayları ve beraberinde gelişen duyguları kabul edip daha iyi hissetmemizi sağlar.

Şunu da eklemek gerekir ki; esneklik sağlamayı kendinizden veya hayat tarzınızdan taviz vermek olarak görmeyin. Çünkü hayatın her dakikasına hâkim değiliz ve bizim kurallarımız her koşulda işlevsel olmayabilir.

Hastalığa Neden Olabilecek Hatalı Düşüncelerim Var mı?

- ❑ *Değersizim*
- ❑ *Sevilmeye layık değilim*
- ❑ *Sevdiklerime yeterince yardım edemiyorum*
- ❑ *Ya sevdiğim insanları kaybedersem*
- ❑ *İçmeden sorunlarımla baş edemem*
- ❑ *Beynim doğru çalışmıyor*
- ❑ *Gelecekten hiçbir beklentim yok*

Bu nedenle, psikolojik sorunlara yol açabilecek düşüncelere sahip olmak psikolojik check up için önemli verilerdendir. Psikolojik sorunlara neden olabilecek bazı hatalı düşünceler yukarıdaki kutuda verilmiştir.

Psikolojik bozukluklara neden olabilecek hatalı düşüncelerin ortak özellikleri şöyle sıralanabilir.

- Yaşamın erken döneminde ortaya çıkmış olmakla birlikte pek de gerçekliği sorgulanmadan kabul edilmiş düşüncelerdir. (Ne yaparsam yapayım diğerleri kadar başarılı olamam.)
- Genel, kesin ve değişime dirençlidir. (Sevilmeye layık değilim.)
- Bu düşünceleri destekleyecek verilere yönelir, desteklemeyenler göz ardı edilir. (Yeterince içmezsem eğlenemem.)
- Kısa cümle formunda aklımızda belirirler. (Ben yetersizim.)

- Değerlendirmeden doğru kabul edilirler. (En iyisini yapmazsam beğenilmem.)

Şimdi bu başlık altında çok uygun olacağını düşündüğüm bir örnekle devam edelim: Koronavirüs pandemisi. Evlere kapandığımız, hayatın yavaşladığı ya da durduğu, kendimizle baş başa kaldığımız, belirsizliğin hâkim olduğu bu süreç, kaygı tepkilerimizi oluşturan düşünce hatalarının ortaya çıkmasını son derece kolaylaştırabilir. Karantina sürecinin hatalı düşünceleri ne olabilir:

1) Çaresizlik:
   A. Ne yaparsam yapayım koronavirüs bana bulaşacak, ondan kaçmam mümkün değil.
   B. Gerekli önlemleri alarak virüsten korunabilirim.

2) Komplo Teorisyenliği:
   A. Aşı ile bize çip takıp, nüfusu azaltmaya çalışıyorlar.
   B. Aşı ile koronavirüsün bana vereceği olası zararlardan kurtulabilirim.

3) Güvensizlik:
   A. Dünya güvenilir bir yer değil ve 2020/21 felaketleri hiç bitmeyecek.
   B. Dünya hâlâ eskisi kadar güvenilir ve bu günler, tarihteki tüm pandemiler nasıl sona erdiyse sona erecek.

4) Belirsizlik:
   A. Koronavirüsün nasıl bulaşacağını bilmiyoruz, bu yüzden önlem almanın bir mantığı yok.
   B. Koronavirüsün nasıl bulaşacağı ve ona karşı nasıl önlem alınabileceği konusunda bilim insanları net açıklamalar yapıyor.

5) Olacağına varırcılık:
   A. Hiçbir şey benim kontrolümde değil, kaderimizde ne varsa o olur.
   B. Bana olacaklar büyük oranda benim kontrolümde, kendi hayatıma kendi tercihlerimle yön veririm.

Bu beş madde altında A şıklarındaki düşünceler belirsizlik içererek kaygıyı artırırken B şıklarında verilen düşünceler kontrol algısını güçlendirerek daha rahat ve huzurlu bir süreç sağlar.

Psikolojik Sağlamlık

Şimdi aklınıza bir soru düştüğünü tahmin edebiliyorum: Psikolojik sağlığımızı tehdit eden yukarıdaki özelliklere sahip herkes hasta olur mu? Hayır. Peki bu durumları yaşayıp hasta olanlardan, hayatını sağlıklı sürdürenleri ayıran özellik nedir? Buna "psikolojik sağlamlık" deniyor.

Bu bölümde psikolojik sağlamlığımızı artıran faktörlerden, yani ruh sağlığının koruyucularından bahsedeceğim.

Koruyucu Faktörler

Yukarıda söz konusu edilen risk faktörlerini yaşayan herkes psikolojik hastalık geçirmiyor. Bunu belirleyen şey ise "psikolojik sağlamlık". Psikolojik sağlamlığı yüksek kişiler zorlu şartlardan sağlıklı çıkabiliyor. Kitabın bu kısmında zorlu yaşam koşullarına rağmen psikolojik olarak sağlam kalabilen insanların ortak özelliklerinden bahsedeceğim. Onları koruyan özelliklerinden...

Daha Sağlıklı Bir Hayat İçin Bunları Deneyin

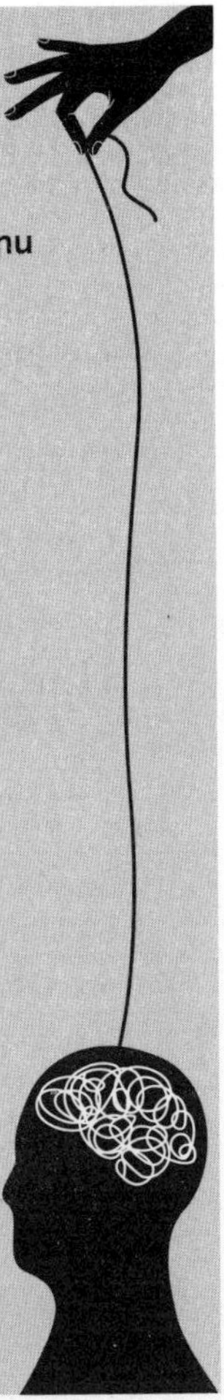

1) Ne yapmak istiyorum ve hayattaki amacım ne sorusunu cevaplayın.
2) Ertelediğiniz şeylerle yüzleşin. Beş dakikada yapabileceğimiz bir iş, ertelediğimiz için günlerce bizimle birliktedir. Tuvalete gelir, işe gider, arabaya biner, rüyamıza girer; hep bizimle kalır. Erteleme alışkanlığından ve boşvermişlikten vazgeçmek için kendinize bir "ertelediğim işler saati" belirleyin. Her gün o saatin konusu ertelediğiniz işler ve onların gerçekleştirilmesi olsun. Erteleme vakitsizlikle değil, motivasyonsuzlukla alakalı bir durumdur. Kendinizi biraz zorlayın ve o saatin gerekliliklerini yerine getirin. Zamanla erteleme alışkanlığınızın yerini, bir işi tamamlama konforu alacaktır. Bu konfor alışkanlık haline gelir ve girişkenliğin ilk adımı atılmış olur. Konfordan vazgeçmek insanın doğasına aykırıdır, böylece bu değişim kalıcı olur.
3) Hayatınızdaki psikovampirlerden kurtulun. Enerjinizi emen kişilere maruz kalmayın.
4) Şikâyet etmeyin.
5) Sizi mutlu edecek bir sebep yaratıyorsa, iyi beslenin, spor yapın, önlem alın, sosyalleşin.
6) Yaptığınız şeyleri siz seçin ve sorumluluklarını alın.

Psikolojik sağlamlık değişen koşullara uyum sağlama becerisidir.

Tablo 3. Psikolojik Sağlamlık Araştırmalarında Ele Alınan Koruyucu Faktörler [42]

Bireysel Koruyucu Faktörler
• Zekâ • Akademik Başarı • Olumlu veya kolay mizaç • İç kontrol odağı • Benlik saygısı ve özyeterlik • Kişisel farkındalık ve kendini kabul • Özerklik • Yaşam hedeflerinin olması ve gelecek için olumlu beklentiler • Etkili problem çözme becerileri • İyimserlik ve umut • Sosyal yetkinlik • Mizah duygusuna sahip olma • Sağlık
Ailesel Koruyucu Faktörler
• Destekleyici anne-baba ya da bir aile üyesiyle olumlu ilişkiler • Çocuğa yönelik yüksek ve gerçekçi beklentiler
Çevresel Koruyucu Faktörler
• Sosyal çevredeki destekleyici bir yetişkinle olumlu ilişkiler • Akran / Arkadaş desteği • Etkili toplumsal kaynaklar (kaliteli okullar, gençlik merkezleri, gençlik organizasyonları vb.)

1) **Sosyal Destek:** Sosyal destek kişinin çevresindeki diğer bireylerden aldığı maddi, duygusal ve fikri yardımlardır.[43] Yukarıda bahsettiğimiz psikolojik sağlığımızı tehdit eden faktörlerle baş etmemizi sağlayacak önemli bir kaynaktır. Kişinin yeniliklere uyum becerisini ve iyilik halini artırır. Sosyal destek; aile, sevgili, yakın arkadaşlar gibi doğal yardımcılar ile kurulan ilişkilerin bütünüdür. Kişi yaşadığı zorlukları, yakın ilişkilerinden aldığı destek ile atlatabilmekte,

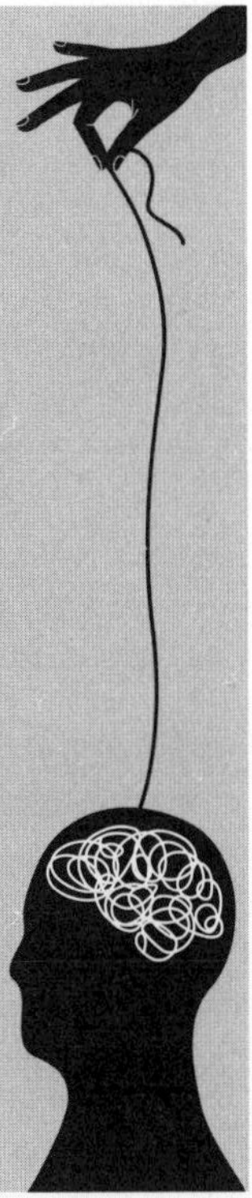

Psikolojik Sağlamlığınızı Artırmak İçin Mizahı Kullanın

Mizah insanlar için verilmiş en büyük hediyelerden biridir. En sıkıntılı ânın kasvetini aniden değiştirebilecek potansiyele sahip bir süper güçtür. Mizah psikolojik sorunlara neden olan stresli yaşam olaylarına farklı perspektiflerden bakılabileceğini gösterir ve bireylerin daha kolay sosyalleşmesini sağlar. Siz de bol bol mizah yapın, hem illa komik olması da gerekmiyor. En kötü kendiniz gülersiniz. Faydaları da saymakla bitmiyor:

- Problemlere farklı perspektiflerden bakabilmeyi sağladığı için bilişsel esnekliği artırır.
- İlişkiler üzerinde olumlu etkisi vardır.
- Yeni girilen ortamlarda kaygıyı azaltarak insana olumlu enerji verir.
- Kendini çok fazla ciddiye almayarak düşüncelerini daha iyi yönetebilmeni ve benlik bütünlüğünü korumanı kolaylaştırır.

güçlenmektedir. Sosyal çevre kişiye ne kadar destek sağlarsa kişi o oranda iyileşme gösterir (Kaplanhan, 2015).

Kişiler yaşadığı üzüntü, kayıp ve kriz durumlarında; aile üyelerinden, arkadaşlarından, yakın çevrelerinden fiziksel ve psikolojik destek alabilmektedirler. Kişinin almış olduğu bu sosyal destek ile yaşanan sorun ve gerginliklerde çözüme ulaşma daha hızlı gerçekleşmektedir.

2) **Problem Çözme Becerisi:** Psikolojik sağlamlığı konu alan çalışmalarda, insanların psikolojik sağlamlık düzeyi yükseldikçe deprem, göç, yoksulluk, boşanma, taşınma, şid-

Minnettarlığınızı İfade Edin

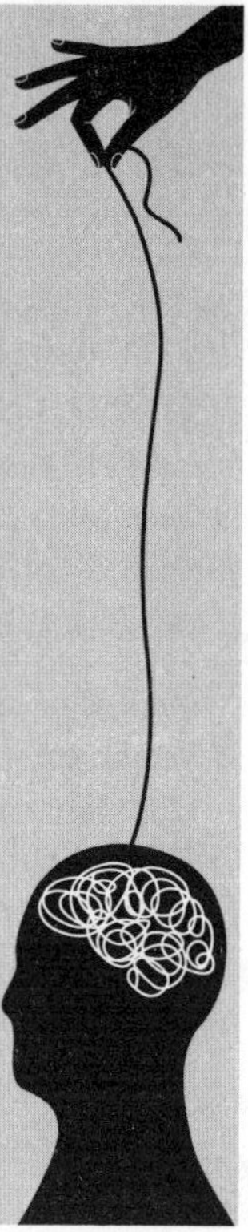

Minnettarlık ifadeleri sosyal destek kaynaklarımızı aktif hale getirmemizi sağlayan bir beceridir. Minnettarlık hayatınızda önem verdiğiniz insanlara bir şekilde "iyi ki varsın" demektir. "Çok sever ama pek dile getirmez" sözünü sık duyduğumuz bu coğrafyada "iyi ki varsın"ı dile getirmek ilişkiler için çok yapıcı olacaktır. Sevdiklerinize onu ne kadar sevdiğinizi duymanın keyfini bolca yaşatın. Kimse sevgiden şımarmaz, sevgi söylemekle azalmaz ve minnettarlığın daha birçok faydasından yararlanmış olursunuz:

- Hayatınızdaki olumlu şeyleri düşünür, onların kıymetini kavrarsınız.
- Aslında şartlarınızın iyi olduğunu fark eder, sevdiklerinizle geçirdiğiniz zamanın tadına varır, yaşamınızdaki güzellikleri hatırlayarak takdir ve teşekkür duygusu hissedersiniz.
- Minnettarlık eşinizle, çocuklarınızla, anne-babanızla, evcil hayvanınızla, ev bitkilerinizle ve tüm dostlarınızla ilişkilerinizi olumlu etkiler.

dete maruz kalma gibi stresli yaşam olayları ile daha başarılı şekilde mücadele ettikleri ortaya konmuştur. Bu bireylerin diğerleri ile güçlü bağları olan, sosyal desteği yüksek kişiler olmalarının yanı sıra, etkili problem çözme becerilerine sahip kişiler de oldukları dikkat çekmektedir.

Problem çözme becerisi kişinin bir engelle karşılaştığında onu aşmak için kullandığı stratejiler, fikirler, deneyimler ve bunlara bağlı ortaya çıkan çözüme yönelik davranışlarından oluşur. Kişinin hayatına esenlik ve huzurla devam etmesi az sorunla karşılaşmasından ziyade sorunlarını çözme becerisine bağlıdır.

Örneğin yurttaki ilk gününde yatağındaki çarşafın kirli olduğunu gören öğrenci çeşitli yöntemlere başvurabilir. Yatağa oturup saatlerce ağlayabilir ya da markete giderek yeni bir çarşaf satın alır. Kimi çarşafı ters çevirip kullanırken, kimi danışmadan temiz bir çarşaf ister. Bu yöntemlerden problemini çözmeye en uygun olanını seçen kişinin problem çözme becerisi yüksektir.

Problem çözme becerisi düşük insanların öfke[44] ve umutsuzluk duyguları, saldırganlık davranışları, depresyon miktarları,[45] çatışma eğilimleri daha yüksektir. Bu nedenlerle psikolojik sorun yaşamamak için problem çözme becerisinin yükselmesi faydalı olacaktır. Problem çözme becerisinin yükseltilmesinde kendine güven duygusu, farklı açılardan bakabilme yeteneği, konsantrasyon, yaratıcı düşünebilme, atılgan olma ve kaygıyı iyi yönetme gibi özellikler etkili olmaktadır.[46]

3) **Yoga ve Meditasyon**: Sözcük olarak "kavuşma", "bir araya gelme", "birlik" anlamlarına gelen yoga; temel olarak fiziksel hareketler (asana), özel nefes teknikleri (pranayama) ve derin konsantrasyon (meditasyon) içeren uygulamalar veya disiplinler grubudur. Fiziksel etkileriyle beraber stres ve kaygı azaltıcı, ruh halini iyileştirici ve refah düzeyini artırıcı işlevleri sayesinde son yıllarda tercih edilen bir konumdadır.[47] Bir seferde tek bir şeye odaklanma temelinde işlev görür.

İlgili çalışmaların bulgularına göz atıldığında yoga ve meditasyon uygulamalarının psikolojik esenlik düzeyi, cinsel doyum, beden farkındalığı, yaşam memnuniyeti, iş tatmini ve stres yönetimi açısından bireyler üzerinde olumlu etki gösterdiği, bunun yanı sıra değersizlik ve kontrolsüzlük algısı üzerinde de etkili bir yöntem olduğu dikkat çekmektedir.

Çalışmalara daha derinlemesine baktığımızda yoga ve meditasyon yapan kişiler az stresli ve kendini kontrol edebilen, aynı zamanda beyninde ve bedeninde daha fazla hakimiyet kurabilen bireyler haline geldiklerini ifade etmektedirler. Ayrıca öfke kontrolü sağlama, daha sakin ve huzurlu olma ortak görüşler arasında yer almaktadır. Fiziksel kuvvetlerinin geliştiğini söyleyen katılımcılar aynı zamanda farkındalıklarının artmasıyla daha duyarlı olduklarını ve yaptıkları işe daha konsantre olabildiklerini belirtmektedirler.[48] Akdeniz'in (2017) çalışmasında yoga yapan kişilerin beden algılarındaki iyilik hali ile yaşam niteliklerinin iyilik hali arasında olumlu bir ilişki olduğu bulunmuştur.[49]

Bu araştırmalardan yola çıkılarak yoganın bireylerin özdenetim algısını yükselttiği, sakinlik ve dinginlik kazandırarak iyilik halini artırdığı ve birey üzerinde olumlu etki gösterdiği söylenebilir. Yavaşlamak, sabır, huzur, iç sesiyle barışık olmak, özdenetim ve öfke kavramı ile olumlu haşır neşirlik ruh sağlığı üzerinde koruyucu etkiye sahiptir. Bu nedenle spiritüel açıdan güçlenmenin psikolojik sıkıntılara yakalanma ihtimalini azalttığı düşünülebilir.

Peki meditasyon nasıl işe yarar? Bununla ilgili çeşitli görüşler bulunuyor. Öncelikle meditasyonda aklınıza gelen her şey hakkında düşünmek zorunda değilsiniz. Hangi düşünce ile ne kadar meşgul olacağınızı seçebilirsiniz. Ayrıca düşünce ve duygular kalıcı değildir. Onlar akıp gider, siz kalırsınız. Bir iz bırakmaları size bağlıdır. Aklınıza istem dışı gelen şeyler; istenmeyen ya da kaygı veren anlar, giderilmemiş arzular, detaylı planlar ve öfke temelli fikirlerdir. Vazgeçilebilir. Eğer bu düşüncelerin içeriğine değil de bedeninizdeki etkilerine ve neden olduğu fizyolojik değişimlere odaklanabilirseniz, onları kontrol ederek duyguyu yönetebilir hale gelebilirsiniz.

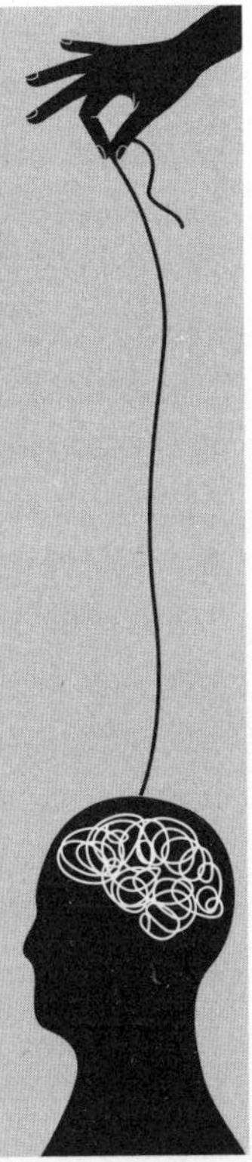

Halihazırda sahip olduklarınıza şükredebilirsiniz

Sürekli mutluluk peşinde koşarak, kısa süreli hazlar için çabalamak geçici doyum yaşamanıza sebep olacaktır. Tahmin edersiniz ki tatmin olmadıkça da bu arayış bitmek bilmeyecektir. Bu durumda halihazırda sahip olunan şeylerin farkına varmak, bunların getirisine odaklanmak, elinizdekiler için şükretmek faydalı olabilir.

- İyi şeylere ve bunların getirdiği duygulara şükretmek sürekli haz arayışı içinde olmanın önüne geçer ve doyumsuzluğu önler.
- Geçmişi arkada bırakıp geleceği umutla tasarlamada yardımcıdır.
- Artan yaşam memnuniyeti ile üretkenliği artırır, amaçlara ulaşmayı kolaylaştırır.
- Empatik davranmak, paylaşımcı olmak gibi kazandırdığı değerlerle daha tatmin edici ilişkilere zemin hazırlar.

Bir Davranışımın Anormal Olduğunu Nasıl Anlayabilirim?

Bir durumun anormal olarak değerlendirilebilmesi için en pratik görüş sosyal işlevsellik üzerindeki etkisine bakılmasıdır. Online oyun oynamanız normaldir, fakat bu oyun nedeniyle işe ya da okula gitmeyi keser, çevrenizdeki insanlarla bağınızı koparır ve diğer gündelik işlerinizle ilgilenmezseniz işte o zaman anormal olabilir.

Anormal, genel olana ve kabul görene uymayan olarak açıklanır. Normal ise toplum tarafından onaylanmış, alışılagelmiş durumlara denmektedir. Anormal davranışı, anormal düşünceyi ya da anormalliği tanımlamak ilk bakışta göründüğü kadar basit değildir. Saçlarını pembeye boyatmak otuz yıllık noter memuru bir erkek için anormal olabilecekken, on sekiz yaşında bir punk solisti için normal olabilir. Anormal normal farkını ele alırken yaş, cinsiyet, coğrafi konum, eğitim durumu, medeni hal, meslek, yaşam tarzı gibi konular da hesaba katılabilir.

Normali ve anormali tanımlamanın yollarından biri istatistiksel tanımdır. Bu tanıma göre sıklıkla ortaya çıkan davranışlar normal, seyrek ortaya çıkan davranışlar ise anormal kabul edilir. Sadece düğünlerde, yaş günlerinde ve pazar günleri iki kadeh alkol alan biriyle, her gece sarhoş olana kadar içen birinin alkol alışkanlığı normal ve anormallik açısından farklılık göstermektedir.

Bir diğer yol, davranışın ya da düşüncenin içinde yaşanılan toplumun normlarından ne kadar saptığıdır. Bodrum'a tatile gelen kızlı erkekli dört gencin gece yarısı mini şortlarla sokakta alkol alması normal olabilecekken aynı durum Erzurum'da zorlayıcı olabilir.

Ancak sosyal normlardan sapma her zaman olumsuz ya da anormal olarak nitelendirilemez. Birçok felsefi doktrin, sanatsal başyapıt ve bilimsel buluş çok da normal ranjı içerisinde tanımlanamayacak zihinlerden çıkmıştır. Bir heykeltıraşın ya da felsefe profesörünün AVM'de gezerken olan biteni bizimle aynı gözle görmemesi olasıdır.

Anormalliğin bir başka işareti, kişinin belirli davranış ya da düşüncelerin varlığında yoğun düzeyde huzursuzluk veya duygusal sıkıntı yaşamasıdır. Bu onun sosyal işlevselliğinde bozulmalara yol açtığında anormal bir durum olarak düşünülebilir. Burada yaşanan sıkıntının süresi de hesaba katılmalıdır. Deprem sonrası ilk hafta uykularınızda bozulmalar normal olabilecekken, depremin üzerinden altı ay geçmesine rağmen deprem olacak korkusuyla uykusuzluk yaşamak anormal olabilir.

Kişinin topluma uyumunu, işlevselliğini olumsuz etkileyen düşünce ya da davranışlar da anormal olarak nitelendirilebilir. Bu durum uyumsuzluk olarak adlandırılabilir ve kişinin günlük yaşamın taleplerine uymakta güçlük çektiği anlamına gelmektedir. Uyumsuz düşünceler ya da davranışlar başlangıçta kişinin başa çıkmasına yardımcı olabilir ancak zararlı veya yıpratıcı etkileri vardır. Dört arkadaşın denizden çıkıp sahildeki kafede çay içip okey oynaması normalken, kişinin ev almak için biriktirdiği paranın yarısını kumarhanede rulete yatırması anormal olabilir.

Anormalliğin daha net resmini oluşturabilmek için yukarıda bahsettiğimiz tüm faktörleri bir arada ele almak gerekir. Psikologlar, psikolojik işlevselliğin ya da davranışların anormal olup olmadığına karar verirken çeşitli ölçütleri göz önünde bulundururlar:

- Düşünce ya da davranışlar çevreden olumsuz tepki alıyor mu?
- Düşünce ya da davranışlar sosyal normlara uyuyor mu?
- Düşünce ya da davranışlar sosyal işlevselliği sekteye uğratıyor mu?
- Davranış ya da psikolojik işlevler önemli bir kişisel rahatsızlık hissine yol açıyor mu?
- Düşünce süreçleri ya da davranışlar, kişinin kendisi ya da başkaları için tehlike oluşturuyor mu?

Anormallik kavramı, psikolojik sorun kavramından farklıdır. Psikolojik sorunları olan kişilere sadece psikoloji alanının uzmanları tanı koyabilir ve psikolojik bozukluğu olan kişiler için en iyi tedaviyi onlar belirleyebilir. Bu nedenle davranışlarınızda burada ifade edilen yönlerden bir anormallik şüpheniz oluştuysa yapılması gereken bir psikoloji uzmanından değerlendirme almaktır.

İçim sıkılıyor, moralim bozuk (Duygudurum Bozuklukları): Uzun süreli üzüntü, karamsarlık, enerjisizlik halinden abartılı sevinç ve coşkuya kadar geniş bir perspektifte yaşanan duygusal karmaşalar zaman zaman bir bozukluk olarak düşünülebilir.

Tüm dünyada en sık rastlanan psikolojik sorun olan depresyon üzüntülü duygudurum ve zevk alamama temel belirtileri ile kendini gösterir. Herkes zaman zaman üzüntülü ve keyifsiz hisseder fakat burada süre ve yoğunluk önem kazanır. Bu bozukluğu yaşayan bireyler uyku ve iştahta sorunlar yaşayabilir. İştah ve uykudaki değişim bazen artış bazen ise azalma olarak kendisini gösterir. Hayattan zevk alamama haline, geçmiş yaşantılardan dolayı hissettikleri pişmanlıklar ve suçluluklar eşlik eder. Zihinlerinde geçmiş olaylar onları üzecek ya da suçlu hissettirecek şekilde döner durur. Geçmişle uğraşan zihin gelecek planları yapmakta zorlanır. Umutsuzluk hâkim olabilir. Kendilerini değersiz, yetersiz ya da diğerlerine yük gibi hissedebilirler. Bitkinlik ve düşük enerji nedeniyle yataktan çıkıp güne başlamakta zorluk çekebilirler.[50]

Önemli bir kayıp yaşayan insanlar da buna benzer belirtiler gösterebilir ama depresyon bundan farklıdır. Sevilen birinin kaybı yaşandığında bu duygudurum normaldir.

Bu soruna kadınlarda erkeklerden yaklaşık iki kat fazla rastlanır. Bu durum kadın erkek biyolojisindeki bir farklılık-

Son iki hafta boyunca...

- ❑ *Gün boyu kendini mutsuz ve üzgün hissettiğin oluyor mu?*
- ❑ *Çok fazla ya da çok az mı uyuyorsun?*
- ❑ *Kilo artışı ya da iştahta azalma mı yaşıyorsun?*
- ❑ *Güne başlayacak enerjiyi bulmakta zorlanıyor musun?*
- ❑ *Kendini yetersiz ya da değersiz hissettiğin oluyor mu?*
- ❑ *Bir şeye konsantre olmakta ya da karar almada yaşadığın zorluklar arttı mı?*

tan değil; yaşam koşullarının kadınlar için zorluğu, toplumsal cinsiyet rollerindeki adaletsizlik ya da yaşanan taciz ve istismar gibi nedenlerden kaynaklanabilir. Ayrıca kadınlara özgü "adet öncesi disforik bozukluk"tan bahsedilebilir. Bu bozukluğun belirtileri, depresyonu hatırlatmakla birlikte, regl öncesinde ya da reglle beraber başlar, reglin sonlanması ile ortadan kalkar.

Regl öncesinde...

- ❑ *Duygularında değişkenlik oluyor mu?*
- ❑ *Eklemlerde, kaslarda ağrı, göğüslerde hassasiyet yaşıyor musun?*
- ❑ *Kaygı ya da odaklanma zorluğu yaşıyor musun?*
- ❑ *Kendini beğenmediğin ya da çökkün hissettiğin oluyor mu?*
- ❑ *Âdet bitimiyle tüm bu belirtiler ortadan kalkıyor mu?*

Depresyon riskini...

- ❑ *Stresli yaşam olaylarına maruz kalan bir kadın olmak*
- ❑ *Güneşlenme süresinin azlığı*
- ❑ *Kalp damar sorunları yaşıyor olmak artırabilir.*

Depresyon bozukluğuna kış aylarında yaz aylarından daha fazla rastlamak mümkündür. Kış depresyonu da denen bu durum diğer etobur türlerde de görülebilen kışın metabolizmanın yavaşlaması olayı ile ilişkili olabilir. Kışın enerji tasarruf moduna geçip, yazın av maceralarına atılmak birçok memeli için hayatta kalmayı sağlar. Hayatınızda az ışık, evde geçirilen sürenin artışı ve güneşlenme süresinin azlığı gibi durumlar söz konusu olduğunda kış depresyonu ihtimali de artmaktadır.

Kalp damar hastalıkları olan kişilerin depresyon belirtileri gösterme ihtimali daha fazladır. Kalp damar hastası kişilerin ölüm riskini artıran bu tablo, her iki sorunun da stresli durumlara verilen bir tepki olarak görülmesinden kaynaklanabilir. Kalp krizi geçiren insanlarda depresyon ilacı kullanımının hayatta kalma süresini artırdığına dair bulgulara rastlanmaktadır. Bu nedenle yakın zamanda kalple ilgili sorunlar yaşadıysanız kendinizi depresyon açısından da kontrol ettirmenizde fayda olacağı söylenebilir.

Diğer bir duygudurum sorunu duyguların çökkünlükten-coşkuya iki uçta gidip gelmesi ile görülür. Buradaki çökkünlük tanım olarak depresyonu, coşku ise maniyi karşılar. Bu tabloda yukarıda bahsettiğimiz depresyon süreci, akabinde gelişen bir mani dalgasıyla devam eder.

Depresyonu takip eden süreçte...

- ❑ *Kendinizi aşırı enerjik ve coşkulu hissettiğiniz bir dönem geliyor mu?*
- ❑ *Bu dönemde aşırı ve hızlı konuşma görüntüsü ortaya çıkıyor mu?*
- ❑ *Zihninizde uçuşan düşünceler nedeniyle odaklanma sorunu yaşıyor musunuz?*
- ❑ *Sürekli bir etkinlikte olma ve eğlenme ihtiyacınız oluyor mu?*
- ❑ *Enerjide artış, uyku ihtiyacında azalma hissediyor musunuz?*
- ❑ *Özgüven ve kendilik değerinde abartılı artış hissediyor musunuz?*

Manide insanlar az dinler, çok konuşur, az uyur ve hareketlidirler. Hızlı araba kullanma, kumar ya da aşırı alışveriş gibi risk alma davranışları artar. Normalde yapılması zor olarak görülen projeleri aniden hayata sokmaya karar verip, kendilerini olduğundan daha becerikli ve yetkin algılayabilirler. Her şeyi yapabileceklerine inanırlar. Düşünce uçuşmalarından (zihinde birçok fikrin aynı anda bulunması) dolayı herhangi bir işe konsantre olmakta zorlanırlar.

Manik depresif de denen bu bozuklukta depresyondan manik epizoda geçiş süreleri ile ilgili net bir kriter yoktur. Hayatı boyunca sık sık depresif belirtiler içinde olup sadece iki kez manik dönemi yaşayan kişi için de bu bozukluktan söz edilebilir. Her 100 kişiden 1'inde bu soruna rastlanır. Bu oran depresyon için yaklaşık olarak 100 kişide 20'dir. Manik depresif hastalarda eş zamanlı işsizlik, madde kullanımı, özkıyım, obezite ve tiroit hastalıkları diğer kişilerden daha çok görülür. Ağır süregelen bu hastalığı erken dönemde fark etmek ve önlemleri alıp tedaviye başlamak tüm bu yukarıdaki riskleri de azaltmaya yardımcı olacaktır.[51]

Sabırlı Olun

"Sabreden derviş, muradına ermi.", "Sabır acıdır, ama meyvesi tatlıdır", "Sabırla koruk, helva olur" şeklinde toplumda yerleşmiş sözlere hepimiz aşinayızdır. Hayatımızda çoğu zaman zorluklar karşısında yılmamak ve aydınlığa kavuşmak için sabır bir çıkış yolu olarak gösterilmektedir. Aynı durum iyi olma hali ile sabır arasındaki pozitif ilişkiye vurgu yapan bilim dünyası için de geçerlidir. İnsana sıkıntılar karşısında direnme gücü sağlayan sabır, yaşama dair hedeflere ulaşmak için çaba harcamanın gerekliliğini öğretir. Dolayısıyla sabırlı kişi, sıkıntı ve engelle karşılaşsa bile kararlılığını sürdürebilir. Bu güçlü iradeyle amaçlarına daha rahat ulaşır, erteleyip bekleme becerisine sahip olur, dürtüselliği azalır ve daha az şikâyet eder. Daha sabırlı olmak için:

- Meditasyon ve nefes egzersizleri yapın.
- Biraz yavaşlayın ve kendinize olumlu telkinler verin.
- Sizi sabırsızlandıran düşünceleri ve fiziksel duyguları yakalayın ve not edin.
- Düzenli egzersizler yaparak sakinliğinizi korumaya olanak sağlayın.

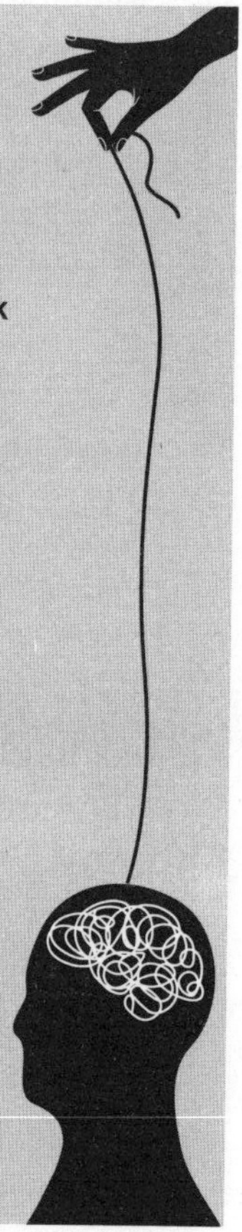

Öfke, Şiddet ve Saldırganlık Sorunları

Öfke normal düzeyde, doğru nesneye yönelik, uygun zamanda ortaya çıkıp zararsız yollarla ifade edildiğinde sağlıklı bir duygudur. Öfke tüm diğer *duygu*lar gibi işlevseldir. Sorun şiddet ve saldırganlıktadır. Şiddet ve saldırganlık sağlıksız *davranış*lardır. Bu başlık altındaki temel sorun öfkesini yönetemeyerek onu şiddet ile ortaya koyan kişilerle alakalıdır.

Öfkenin aşırı miktarda hissedildiği, uygun olmayan ortamlarda ortaya çıktığı, şiddet olarak dışa vurulduğu ya da tamamen bastırılarak uzun süre içe atıldığı durumlar öfkenin sorunlu tarafıdır. Öfkenin aşırı yaşanması kadar, ortaya çıkması uygun olan durumlarda hiç yokmuş gibi davranılması da sorunludur. Öfkenin normal ranjdan anormale doğru kaydığı dört farklı durumdan bahsedilebilir:

Öfkenin toplum içinde kabul edilmeyen, uygun görülmeyen bir biçimde (korkutucu şekilde bağırmak, hakaret etmek, kapı duvar yumruklamak, kendine zarar vermek, diğerlerine saldırmak *gibi)* ortaya çıkması. Bunun en net örnekleri suç içeren davranışlardır. Eşiyle görüşmesine izin vermeyen kayınpederinin otoparktaki arabasını yakmak gibi. Bu gibi suçlar, kişinin toplumsal normları yeterince içselleştirememesi ve duygu yönetimini yapamaması durumlarının bir arada görüldüğü zamanlarda ortaya çıkmaktadır.

Öfkenin uygun olmayan, öfke kaynağından farklı kişi veya objelere yönlendirilmesi, yer değiştirmesi. Bazen kişi öfkeyi kendisine de yönlendirebilir ve bu durumda öfke kendini suçlama ve yaralama davranışlarına dönebilir.

Öfkenin duruma uygun bir tepki olduğu, fakat şiddetinin çok yüksek bulunduğu durumdaki kişiler şiddeti bir atak olarak yaşarlar. Buna öfke patlaması denir. Sık sık yaşanmasının hem sosyal ilişkilere hem de meslek hayatına ciddi zararları olur. Arkasından yaşanan büyük pişmanlıklar süreci kişi için daha da zorlaştırır.

Öfkenin görünen nedeninin arkasında farklı bir nedenin, motivasyonun olması. Yani bu durumda kişi, yapmak istemediği şeylerden yapay bir kızgınlık durumu yaratarak kurtulur. Örneğin kızının başka bir şehirde üniversite okumasını istemeyen bir babanın, tercihlerin yapılacağı son gün ekonomik durumu ya da yemeğin tuzu nedeniyle tartışma çıkarıp aşırı bir öfke şovuyla tercih ile uğraşılamayacak gergin bir ortam yaratması. Burada öfkenin görünen nedeni ekonomik sorunlarken, babanın zihninde altta yatan motivasyon kızının başka bir şehre gidip ondan uzak kalacağı endişesidir. Burada sorunlu olan, öfkenin problem çözme işlevi ile kullanılıp çevreyi terörize etmesi, ayrıca asıl niyetin saklanıp açıkça ifade edilmemesidir.

Saldırganlığa Yol Açan Öfke: Bu öfke tarzı tekrarlayan çılgınca davranışlar içerir. Nereden geldiği belli olmayan ani bir öfke, ortalığın yakılıp yıkılması ve hemen ardından gelen pişmanlık duygusu. Öfkenin en yıkıcı ifadesidir. Trafikte beyzbol sopasıyla diğer şoförü kovalayan sürücü, maçta tribün koltuğunu kırıp sahaya fırlatan holigan, yemeğin altı tuttuğu için eşine saldıran mahlukat, defterini evde unuttuğu için öğrencisini döven öğretmen... Hepsi bu öfke tarzından mustariptir. Çılgınlıklarını bilir ve çevrelerini bu konuda uyarırlar. "Çok iyi biriyimdir ama öfkelenince gözüm döner, ne yaptığımı bilmem." Bu söz benden uzak durun anlamına da gelmelidir. Tehlikeli oldukları için sevilmezler, genelde yalnızdırlar. Bazıları ise bu şovu sadece gücünün yettiğine yaptığı için diğerleri tarafından makul biri gibi algılanabilir.

VAKA: *Hep arabalardan bahsederdi Kemal, evet toplu taşıma araçları ve şehirlerarası otobüslere binmiş ama altı yaşında olmasına rağmen henüz hiç hususi bir otomobile binmemişti. Evin camından bütün gün yolu izler, arabalara hayranlıkla bakardı. Babasının kullandığı otomobilin yan koltuğunda, arabanın camını açmış, rüzgârın saçını okşadığı o yaşantının hayali rüyalarına kadar sirayet etmişti.*

Babası oğlunun bu hayalini biliyor ama asgari ücretle bırakın araba almak kiralamak bile zor görünüyordu. Bir gün cesaretini toplayıp iş yerindeki şefinden oğlunu gezdirmek için arabasını istedi. Edilen kemkümün utancı arabayı alıp da yan koltuğa oğlunu oturtunca sevince döndü.

Kemal arabanın yan koltuğuna oturdu, camını açtı, dışarıyı izlemeye koyuldu. Aslan babasıyla gezerken ne de mutluydu. Rüzgâr saçlarını okşarken, ağaçları, parkları, yollardaki tüm hayvanları gülümseyerek selamlıyordu. Babası turu uzatmak için yavaş yavaş gidiyor, arada oğlunun elini tutuyordu. Çocuğunun sevinci paha biçilemezdi. Bütün bu mutlu tablo arkadan gelen öfkeli bir kornayla dağıldı. Genç bir adam arabanın yanına yanaşmış, yavaş gittiği için babasına küfürler etmeye başlamıştı. Babası bilemedi ne yapacağını, çocuğunun elini bıraktı.

Genç adamın gösterişli arabası bile çok kızmış, kaşlarını çatmış, homurdanmaktaydı. Utanmıştı Kemal, korktu, kötü bir şey yapmamışlardı, nedenini anlamadığı bir kızgınlığın içine düşmüşlerdi. Babası onun istekleri yüzünden zor durumda kalmıştı. Genç adamın gün boyu oturacağı kafeye beş saniye geç kalmasına neden olmuşlardı. Oysa ki Kemal kendini bildiği günden bu yana babasının onu otomobille gezdireceği, camdan giren rüzgârın saçlarını okşayacağı o ânı hayal etmekteydi. Ama genç adamın beş saniyesi tabii ki çocuğun hayallerinden daha değerliydi.

Babası güçsüzlüğü ve çaresizliğinden utandığı için çocuğuyla göz göze gelmemeye çalışıyordu. Çocuk arabanın camını kapattı, kafasını önüne eğdi, dışarısı korkunçtu. Aslan babasının elini yeniden tutup bu kadar gezmenin yeterli olduğunu söyleyip teşekkür etti. Babası gidip arabayı şefine bin bir teşekkürle teslim etti. El ele tutuşup evin yolunu tuttular. Yürümek de keyifliydi. Rüzgâr, parklar, ağaçlar. Hem yürürken yoldaki köpeklere sarılmak da mümkündü…

Saldırganlık içeren bu öfke tarzının durup dururken aniden ortaya çıkmadığı kesindir. Bu nedenle saldırganlığa dair ipuçları, tetikleyiciler ve kışkırtıcılar bireye özgü olarak tespit edilmelidir. Saldırganlık birçok diğer psikolojik sorunun da belirtisidir. Davranışsal ve bilişsel temelli terapiler saldırganlığın önlenmesini mümkün kılar. Bu nedenle saldırganlık içeren davranışları istisnai yaşantılar diyerek geçiştirmek yerine erkenden önlem almak uzun vadeli dertlerden de korur.[52]

Öfke Yönetimi Adımları

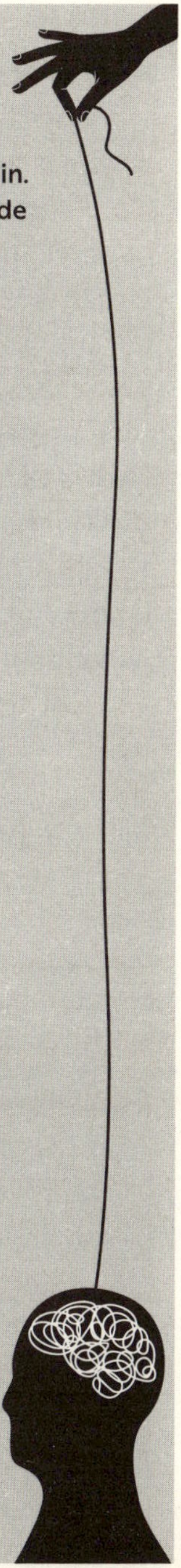

1) Öfkeyle barışın: Saldırganlığa dönmediği sürece, öfkenin doğal ve sağlıklı bir duygu olduğunu kabul edin. Yapılması gereken öfkeyi bastırmak değil, uygun şekilde yönetmektir.
2) Öfke-sevgi köprüsünü kurun: Saldırganlığın büyük oranda en yakınımıza, en sevdiklerimize yöneldiğini unutmayın. Şimdiden bunun önüne geçmeye karar verebilirsiniz.
3) Sigortanızı attıran düğmeleri bulun: Bunlar sizi öfkelendiren durumlardır. Genelde kırılganlıklarınız, hassasiyetleriniz ve zayıf hissettiğiniz alanlara dokunulduğunda sigortalar atar. O nedenle hangi konularda konuşmaktan hoşlanmadığınızı, hangi mekanlarda gergin olduğunuzu ve sizi rahatsız eden insanları tespit edip bu durumlarla ilişkinizi kısıtlayabilirsiniz.
4) Öfkenizi patlamaya dönüştüren düşüncelerinizi fark edin: Sigortanızın attığı durumlarda aklınızdan geçen düşüncelerin farkına varmaya çalışın. Öfkenizin saldırganlığa dönmesine neden olan şey içinde bulunduğunuz durumdan ziyade o durumla ilgili yorumlarınız yani aklınızdan o sırada geçenlerdir.
5) İyi bir dinleyici olun: Yeryüzünde çok fazla iyi konuşan kişi varken, iyi dinleyen az bulunur. Ama unutulmamalı ki genel olarak saldırgan algılanan kişiler iyi dinleyici değillerdir. Belirsizlik öfkenin kaynaklarından biri olduğu için, belirsizliği bitirmek, bunun için de karşınızdaki kişiyi iyi dinlemek işlevsel olacaktır. İletişim esnasında kendi söyleyeceklerinize odaklanmak yerine karşınızdakinin söylediklerini anlamaya çalışın.
6) Öfkelendiğiniz durumlarda nasıl davranacağınıza şimdiden karar verin: Öfkenin çok yoğun olduğu durumlarda sağduyu ve mantık devreden çıkıp daha ilkel davranışlar ortaya çıkabilir. Buna izin vermemek için öfkelendiğinizde nasıl davranmanız gerektiği kararını o anlara bırakmamanız sağlıklı olacaktır.

Korkularım Normal mi, Yoksa Gereğinden Fazla mı?

Korku duygusu insanın hayatta kalmasını sağlayan sağlıklı bir duygudur. Riskli durumlara girmemizi engeller ve olası bir tehlike varsa uzaklaşmamızı sağlar. Çok eski zamanlardan beri insan yüksekten, karanlıktan, sürüngenlerden korkar. Beş bin yıl öncesi düşünülecek olursa atalarımız için yükseklik, düşerek ölmek; karanlık, av olmak ve sürüngen ise görüş alanında olmadığı için savunmasızlık anlamına gelmekteydi. Şayet atalarımızda korku duygusu olmasa insan türü bu noktaya gelemezdi.

Fakat bazen korku duygusu riskin olduğundan fazla algılanması durumunda bir bozukluğa dönebilir. Uçağın kapısına geldiğinizde aklınıza uçağın düşebilme ihtimali gelebilir ama bu risk uçağa binmemenize neden olmamalıdır. Evet uçağın düşme ihtimali vardır ama bu 10 milyonda 1 gerçekleşebilecek risk bizim uçaktan kaçmamıza neden olursa bir bozukluktur.

Korkulan durumlarda...

- ❑ *Yoğun bir ürperti ile kontrolü kaybettiğimi hissederim.*
- ❑ *Bayılacak gibi olurum.*
- ❑ *Baş edebilmek için alkol ya da çeşitli sakinleştirici ilaçlar kullanırım.*
- ❑ *Kapalı alanlara girmemeyi tercih ederim.*
- ❑ *Aklıma korkunç senaryo ve düşünceler hücum eder.*
- ❑ *Düşünmekten kaçsam da ilgili düşüncelere maruz kalırım.*

Bindiğimiz asansörün bozulması ve içinde yaklaşık 8-10 dakika kapalı kalmamız bir ihtimal olabilir fakat biz bu ihtimali zihnimizde havasızlıktan boğulacağımız bir görüntü ile canlandırıp on kat merdiven çıkmaya kalkarsak bu bir bozukluk olarak düşünülebilir. Ya bir gün deprem olur da tsunami evimizi yutarsa diye boğazdaki yalımızı satma fikri yine riskin gerçekleşme ihtimali ile korku arasındaki oranı zihnimizin hatalı hesapladığını gösterir. (Tabii, bu satırları okuyan herhangi birinin boğazda yalısının olma ihtimali, evini tsunamide kaybetme ihtimalinden daha düşük olabilir.)

Korku, tehlikeli durumlarda bedeni kaçmaya ya da savaşmaya hazırlar. Korku, doğru çalışırsa hayat kurtarır. Ormanda kocaman bir ayıyla karşılaştığında kişinin korkuyla kaçması normal olandır. Sorun ya bir ayı ile karşılaşırsam diye belediyenin piknik alanlarına gitmekten kişinin kendisini alıkoymasıdır. Peki bir korkuya bozukluk demek neye bağlıdır:

- Belirli bir nesne ya da durum tarafından açık bir tehdit bile yokken tetiklenmesi
- Sosyal hayatımızı sekteye uğratması (Uçak korkusu ile iş toplantılarını kaçırmak)
- Korkulan nesne ya da durumdan ötürü evden çıkmakta zorluk yaşamak
- Çok da tehlikeli olmayan bir durum ya da nesneden orantısız şekilde fazla korkmak
- Korkudan dolayı karşılıklı ilişkilerde sorun yaşamak (kedi korkusundan kafeye gidememek ya da virüse yakalanırsam korkusuyla insanlardan uzak kalmak)

Sık rastlanan korkular

- ❑ *Kapalı Yer: Tüneller, asansörler (Rahat ulaşımı engeller.)*
- ❑ *Kan Temalı: İğne, kan ve çeşitli tıbbi durumlar (Tıbbi yardım almayı zorlaştırır, kalıtsaldır.)*
- ❑ *Hayvan: Kedi, sürüngenler, örümcek (Doğal ortamlarda rahat hareket etmeyi zorlaştırır)*
- ❑ *Diğer Durumlar: Boğulma korkusu, palyaço, yükseklik*

Yaşadığımız korkunun abartılı ve gereksiz olduğunu düşündüğümüz halde belli bir durumla karşılaştığımızda korkumuza engel olamayıp kaçıyorsak bu, sorun olduğunu gösterir. Asansör, kedi, uçak gibi fobileri olanlar aslında korkularının abartılı olduğunu bilir ama hislerini değiştiremezler. Değiştirememelerinin ana nedeni bu durumlardan hep kaçtıkları için deneyememeleridir. Herhangi bir köpek tarafından çocuk yaşta ısırılan bir kişi, ileride tüm gördüğü köpeklerden kaçtığı için iyi huylu köpeklerle karşılaşma şansını da yitirmektedir.

Korkuların bir kısmını öğrenirken bir kısmını hazır buluruz. Korku bozukluklarının yarısı kötü bir deneyim ile başlar. Ama diğer yarıyı oluşturan olgular bize korkulan durumla ilgili kötü bir deneyim olmadan da abartılı korkuların mümkün olduğunu söyler. Çocukken köpek tarafından ısırılan birinin köpek fobisi ya da bir gün elektrik kesintisi nedeniyle asansörde yirmi saat geçirmiş birinin asansör fobisi daha kolay anlaşılabilecekken, hayatı boyunca hiç yılan görmemiş birinin yılan fobisini anlayabilmek için daha derin bir analize ihtiyaç duyulmaktadır. İlki öğrenme ile açıklanabilirken, diğerini açıklayabilmek için nesilde nesile aktarılan evrimsel süreçleri hesaba katmak gerekebilir.[53]

Ayrıca yaşadığınız olumsuz duygu "korkudan korkma hipotezi" ile de açıklanabilir.[54] Bu hipoteze göre kişilerin korkularının altında "ya bu duruma girdiğimde çok korkarsam" ve "garip davranırsam" gibi bir düşünce olabilir.

Pandemi süresince insanlarla mesafeli, maskeli, temassız geçen yaklaşık iki yılın sonunda belli bir oranda virüse yakalanma korkusuna sahip olmanız mümkün. Fakat bunun bir bozukluk boyutunda olup olmadığını anlamak için şu soruları kendine sorabilirsin:

- Virüse yakalanma korkusu yüzünden evden çıkmadığım için iş/okul hayatımda sıkıntılar oldu mu?
- Virüse yakalanma korkusu nedeniyle başkalarıyla görüşmediğim için ilişkilerimde sorun yaşıyor muyum?
- Virüsle ilgili olumsuz düşünce ve senaryolar sık sık aklıma geliyor mu?
- Virüs korkusu ile baş edebilmek için mi alkol kullanmaya başladım?
- Virüs öncesi sosyal hayatıma geri dönebildim mi?

Bu sorulardaki temel nokta sosyal işlevsellik kaybı. Psikolojik bir sorunun olup olmadığını öngörme yolculuğundaki en önemli gösterge sosyal işlevsellik parametreleridir. Korku gibi üzüntü, coşku, öfke gibi duygular da gündelik yaşamımızı sürdürmemize engel oluyorsa tehlike çanlarını çaldırır.

Korku ve Kaygı Aynı Şey mi?

Korku şu anda var olan bir tehditle ilgiliyken, kaygı ileride gerçekleşmesi olası bir sıkıntıdan endişe duyma halidir. Korku şimdiyle, kaygı gelecekle ilgilidir. Korku ve kaygı aynı biyolojik mekanizma ile hareket etmekle birlikte korku anlık ve yoğun şiddette, kaygı sürekli ve orta şiddette uyarılma ile seyreder. Korku bir tehditle karşı karşıya kaldığımızda kontrolü ele geçirip savaş ya da kaç tepkileri ile türe özgü bir savunma planını otomatik olarak devreye sokar. Kaygı ise gelecekte gerçekleşme ihtimali olan potansiyel tehditlere önlem almayı ve hazırlıklı olmayı sağlar. Fakat her iki duygunun da abartılı hali sorunludur.

Korkunun nesnesi belliyken, kaygınınki genelde belirsizdir. Daha önce ormanda ayı ile karşılaşmış biri ayı korkusu ile yine o ormana girmezken, ormandaki belirsizlikten dolayı ormana girmeyen kişi kaygı yaşamaktadır. Kaygı sorunu yaşayan kişiler neden endişe duyduklarını tanımlamakta zorlandıkları için yardım alma konusunda da tereddüt edebilirler. Nesnesi olmayan, gelecekle ilgili endişeler de çözülmesi gereken sorunlar haline gelebilir. Bunlar neler olabilir:

- Sosyal Kaygı Bozukluğu
- Panik Bozukluk / Panik Atak
- Obsesif Kompulsif Bozukluk
- Travma Sonrası Stres Bozukluğu

Sosyalleşmekte Zorlanıyorum, Yalnızım, Bu Normal mi? (Sosyal Kaygı Bozukluğu)

İnsanların yalnız olmayı tercih etmesi ile istemediği halde yalnız kalması birbirinden farklı değerlendirilir. Yalnızlığı tercihen yaşayan birinde sorun aranmaz fakat arkadaş bulamamaktan, insanlarla iyi geçinememekten yakınan yalnızsanız bunu gözden geçirmekte fayda var.

Sosyal kaygı bozukluğu yaşayan bireyler, toplum içinde uygunsuz davranma, aşağılanma, beğenilmeme, başkaları tarafından yargılanma konularında derin bir kuşku hissederler. Kalabalık bir sınıfta derse girmek, toplum önünde konuşmak, bir iş toplantısında yer almak, yeni bir arkadaş grubu ile çıkmak onun için endişe vericidir. Bu nasıl yalnız olma tercihinden farklı ise, utangaçlıktan da farklıdır. Zihinde olası risklerle ilgili kötü senaryolar ve düşünceler gezinir. Aşağıdaki durumlara girmek sizi rahatsız ediyor ve kaçıyorsanız kendinizi bir gözden geçirmenizde fayda var:[55]

- Sınıfta ya da bir toplantıda söz almak
- İş mülakatına girmek
- Spor salonuna egzersize gitmek
- Herhangi bir sahne performansı
- Tanımadığınız insanların da olduğu gruplarla buluşmak

Tüm bu ortamlardaki ortak endişe, değerlendirilecek olma hissidir. Sosyal değerlendirilme korkusu ilgili ortamdan kaçılmasına neden oluyorsa bu, sosyal işlevsellikte azalmaya neden olur. Sosyal kaygı bozukluğunuz varsa bunun izlerine değerlendirilme endişesinin daha yoğun olduğu ergenlik döneminde rastlama ihtimaliniz yüksektir. Çekingenlikle başlayan, sosyal ortamlardan uzak durma ve yalnızlığa doğru giden bir sürece neden olabilir. Kadınlarda erkeklere oranla iki buçuk kat fazla görülen bu sorunun yaşamın herhangi bir anında görülme ihtimali %12 kadar yüksektir.[56]

Endişe veren şey durumun kendisinden ziyade durumla ilgili zihnimizde oluşturduğumuz kötü senaryodur. Bu kişiler tüm sınıfa yapacakları bir sunum öncesinde; sunum bitimindeki alkışı değil, sunum sırasındaki her şeyi unutma, takılma ya da saçmalama görüntülerini zihinlerinde canlandırırlar. Durumun kendisi değil, zihinde oluşturulan senaryonun endişe veren şey olmasından ötürü tedavisi ve çözümü mümkündür.

Sosyalleşin

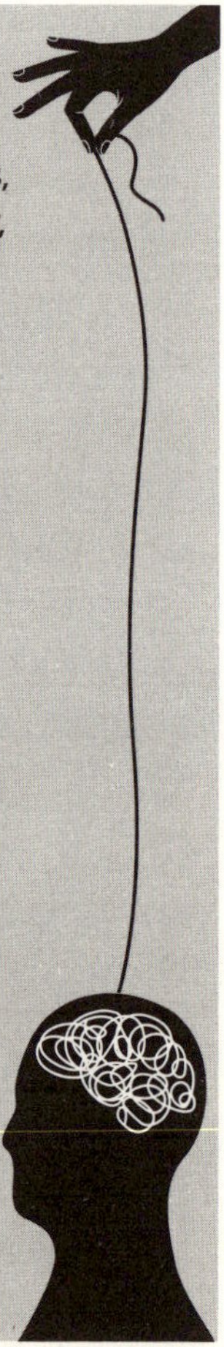

Yaşamlarınızda önemli bir yere sahip olan anne, baba, eş, sevgili, arkadaşlar, aile, akrabalar, komşular, meslektaşlar, uzmanlar gibi kimseler sosyal destek kaynaklarınızdır. Sahip olduğunuz sosyal destek, karşılaştığınız sorunlar karşısında yalnız olmadığınız duygusunu sağlayarak çaresizlik hissinden kurtulmanızı sağlar. Böylece psikolojik dayanıklılık düzeyiniz artar ve olumsuz yaşam koşulları karşısında kendinizi daha çabuk toparlayabilirsiniz. Sosyalleşme oranını yükseltmek için:

- Anlatmaktan ve dinlemekten keyif aldığınız kişilere daha sık merhaba deyin.
- Görüştüğünüzde size iyi gelen insanların listesini yapın ve hangisiyle ne paylaşmak istersiniz planlayın.
- Ailenizle daha kaliteli ve bağı güçlendirici aktiviteler, paylaşımlar yapın. Özellikle çocuklarınıza temel aile desteğini sağlamak onların yetişkin hayatlarında daha donanımlı olmalarını sağlayacaktır.
- İlgi alanlarınız doğrultusunda katılacağınız ortamlar, sosyal olarak aynı durumdan keyif alan birçok bireyle tanışmanıza olanak tanır. Bu tür aktivitelerde bulunun.

Panik Bozukluk

Bazı kaygı tepkileri ortada gözle görülür bir tehdit yokken de ortaya çıkabilir. Aniden gelen bir sıcak basması, şiddetli bir endişe, göğüs ağrısı, mide bulantısı, kalp çarpıntısı, terleme, kontrolü kaybetme korkusu ve bulunulan ortamı terk etmeye dair yoğun ihtiyaç. Bu tipik belirtiler bazen herhangi bir tehdit yokken bazen de tehditle tamamen orantısız şiddette yaşanır. Bu durumda panik atak geçiriyor olabilirsiniz. Bu atakların tekrarlıyor olması ve başka atak olacak endişesi ile gerçekleştirilen içe kapanma davranışları riski artırır.

Dört veya daha fazla atak geçirdiyseniz veya bir atak geçirdikten sonra başka bir atak daha geçirme korkusuyla yaşıyorsanız, yardım almanızda ve durumunuzun bir uzman tarafından değerlendirilmesinde fayda olabilir. Panik ataklar, genellikle hiçbir ipucu olmaksızın aniden başlayan yoğun bir korku üretir. Bir atak on ila yirmi dakika sürer, deneyim herkes için farklıdır ve belirtiler genelde değişiklik gösterir.[57]

Bir atağın panik atak olduğunu nasıl anlarım?

- ❑ *İpucu vermeden aniden başlar.*
- ❑ *Hızlı kalp atışı veya çarpıntı ile seyreder.*
- ❑ *Kontrolü kaybetme korkusu zihni kaplar.*
- ❑ *Atak bittiğinde kalıcı bir şey olmamıştır.*
- ❑ *Fiziksel bir nedeni yoktur.*
- ❑ *Atak sırasında yaşanan belirtileri tarif etmek zordur.*

Pandemi ile Beraber Takıntılarım Arttı, Acaba Hasta mı Oldum? (OKB)

Yaklaşık iki yıldır ellerimizi eskisine göre daha fazla yıkıyoruz. Zihnimizde "ya virüs bulaşırsa" düşüncesi sıklıkla mevcut. Tokalaşmanın yerini yumruk tokuşturmak, sarılmaların yerini uzaktan selamlaşmalar aldı. Kalabalık ortamlara girmemeyi tercih ediyor, giriyorsak birkaç kat maske takıyoruz.[58] Dünya bir pandemi ile kavruluyor olmasa bu şekilde davranan biri obsesif-kompulsif bozukluk tanısı alabilirdi. Uzunca bir süredir ise tüm bu davranışlar normal karşılanıyor.

Herkesin aklını zaman zaman kimseye bahsedemeyeceği, saçma, gereksiz, zorlayıcı, utanç verici dürtüler ziyaret edebilir. Bazen ya araba kullanırken aniden şarampole direksiyonu kırarsam, ya ailemle ilgili olumsuz düşünceler gerçekleşirse, ya ütüyü fişte unuttuysam, ya ellerim şu an mikrop doluysa gibi düşünceler bizi rahatsız edebilir. Fakat bunlar geçici ve kısa süreli sıkıntı yaratırlar. Bu rahatsız edici, saçma düşünceler güçlü bir şekilde sıkça tekrarlanırsa o zaman durumumuzu bir gözden geçirmekte fayda var.

Obsesyonlar; tekrar tekrar ortaya çıkıp, kişiye kontrolünün dışında hissettiren görüntüler, hisler ya da takıntılı düşüncelerdir. Elinizin yeni yıkanmış olmasına rağmen sürekli pis ya da virüs dolu olduğunu düşünmek buna örnektir. Obsesyonlar mantıksız, gereksiz ve rahatsız edici bulunur ama yine de değer verdiğiniz önemli sosyal faaliyetlerin önüne geçerler.

ÖRNEK VAKA: *Her şeyi tam olarak doğru yapmazsam ebeveynlerimin hayatını kaybedeceğini düşünüyorum. Geceleri gözlüğümü çıkardığımda onu şifonyerin üzerine belli bir açıyla koyarım. Açı doğru olmazsa anne-babamın başına kötü bir şey geleceğini hissederim.*

Gömleğimi dolaba dümdüz asmadığımda, bir paragrafı tüm detaylarını fark ederek defalarca okumadığımda, tırnaklarım mükemmel derecede temiz olmadığında, yani herhangi bir hata yaptığımda ailemi kaybedeceğimi düşünürüm.[59]

Kompulsiyonlar takıntılı düşüncelerin oluşturduğu kaygıyı azaltmak için girişilen tekrarlayan davranışlardır.[60] Pis ya da virüs dolu olduğu takıntısının oluşturduğu kaygıyı azaltmak için sık sık el yıkama davranışı buna örnektir. Kişiler bu davranışların takıntılara dair geçici bir çözüm olduğunu bilir fakat kendilerini rahatlatıcı bu davranışları yapmaktan alıkoyamazlar. Bu takıntı ve rahatlatıcı davranışlar zaman alıcıdır ve kişinin önem verdiği sosyal faaliyetlerinin önüne geçerler.

Ütüyü fişte unutmuş olabilir miyim düşüncesi bir obsesyonken, eve dönüp bunu kontrol etme davranışı kompülsiyona örnektir. Yeni kontrol etmiş olmanıza rağmen evden çıktığınızda ütünün fişte kalmış olabileceği düşüncesi size saçma, gereksiz ve yanlış gelse bile engel olamayacağınız şekilde zihninize dolar ve sizi rahatlamak için eve gidip kontrol etme zorunluluğuna düşürür. Diğer örnekleri gözden geçirelim:[61]

VAKA: *Zorla pijamalarımı çıkarıp, isteksiz bir şekilde arabaya binip dersime girmek üzere yola çıktım. Daha yirmi beş dakika var, rahat rahat giderim. İki saat boyunca ayakta durmak, durmadan konuşmak, öğrencileri idare etmek, dönüş trafiği, of nasıl da büyüyor gözümde. Evde bir çay demleyip tv izlemek ne güzel olurdu.*

Trafik lambası aniden kırmızıya dönünce bir anda zihnimde kora dönmüş bir ütü görüntüsü belirdi. Eyvah ya ütüyü fişte unuttuysam? Kora dönen ütü önce ütü masasını sonra evi sonra tüm apartmanı ateşe verirse? Gerçi ütüyü fişten çektiğim ânı hatırlıyor gibiyim ama bir türlü emin olamıyorum. En iyisi gidip kontrol etmek. Bakıp rahatlayayım.

Oh ütü fişte değil, derse beş dakika kaldı acele edersem yetişirim. Derse de az kaldı, ne garip bir gün, yağmurlu, kalabalık, sevimsiz. Kırmızı ışık yine. Ütü fişte olsa nasıl da yanardı ütü masası, sonra ev, sonra tüm bina. Ne büyük bir utanç. Acaba fişi çektiğimden emin miyim? Of, ya iyi bakmadıysam. Daha yeni kontrol ettim, sorun yok aslında. Ama on dakikalık bir yol için tüm evi yakma riskine değer mi? Bakıp rahat etmek varken. Hadi bakayım da içim rahat etsin.

Ahh, fişte değilmiş boşuna geldim onca yolu. Ders saatini beş dakika geçirdim, yetişemem artık. Hemen okula aniden hasta olduğumu haber vereyim de ayıp olmasın. Pijamalarımı tekrar giyer, bir çay demler, biraz tv izlerim. Yine kaçırdım dersi.

Travma Sonrası Stres Bozukluğu: Ülkemiz travmatik yaşantıların bol olduğu bir ülke. Depremler, trafik kazaları, taciz, istismar, göç, terör, savaş, şiddet. Tüm bu olayların ortak özelliği beklenmedik anda, ani olarak gelişmeleri ve ölüm ya da yaralanma riski taşımaları. Maruz kalınan her travmatik olay tabii ki psikolojik rahatsızlığa neden olmuyor. Fakat travmatik bir olay yaşadıysanız ve bu olumsuz deneyimin etkisi uzun süredir devam ediyorsa kendinizi travma sonrası stres bozukluğu açısından bir değerlendirmenizde fayda var. Değerlendirmek için şu iki kriteri hatırlayalım:

KİR	
Bunları Düşünüp	*Bunları Yapmak*
Mikroplar/ hastalık (herpes, HIV)	Ellerin aşırı veya belirli bir şekilde yıkanması
Ev kimyasalları (temizleyiciler, çözücüler)	Aşırı duş, banyo, diş fırçalama, bakım veya tuvalet rutinleri yapmak
Kir	Ev eşyalarının veya diğer nesnelerin aşırı derecede temizlenmesi
KONTROLÜ KAYBETMEK	
Bunları Düşünüp	*Bunları Yapmak*
Kendine veya başkalarına zarar verme dürtüsüyle hareket etme korkusu	Başkalarına veya kendinize zarar vermediğinizi / zarar vermeyeceğinizi kontrol etmek
Kişinin zihnindeki şiddetli veya korkunç görüntülerden korkması	Korkunç bir şey olmadığını kontrol etmek
Bir şeyler çalma korkusu	Bir hata yapmadığınızı kontrol etmek
ZARAR	
Bunları Düşünüp	*Bunları Yapmak*
Korkunç bir olaydan sorumlu olma korkusu (yangın, hırsızlık)	Zararı önlemek için olayların çok ayrıntılı düşünülmesi (kendine, başkalarına zarar verebilecek sonuçları önlemek için)
Yeterince dikkatli olmama nedeniyle başkalarına zarar verme korkusu (birinin kaymasına ve kendini yaralamasına neden olabilecek bir şeyi yere düşürmek)	Zararı önlemek için sürekli dua etme (kendine, başkalarına zarar verici sonuçları önlemek için)

MÜKEMMELİYETÇİLİK	
Bunları Düşünüp	*Bunları Yapmak*
Düzgünlük veya kesinlik hakkında endişe etmek	Her şeyi mükemmel yapmaya çalışmak
Bilmek veya hatırlamakla ilgili endişe etmek	Aklınızda olan bir şeyi unutmamak için sürekli tekrar etmek
Bir şeyleri kaybetme korkusu	Elinizde olan şeyleri kaybetmemek için sürekli kontrol etmek
DİNİ TAKINTILAR	
Bunları Düşünüp	*Bunları Yapmak*
Tanrı'yı gücendirmekle ilgili endişe veya küfürle ilgili endişe duymak	Aşırı dua etmek veya dini korkunun tetiklediği ritüellere katılmak
Doğru / yanlış veya ahlakla aşırı ilgili olmak	
DİĞER ÖRNEKLER	

- Fiziksel bir hastalık veya hastalığa yakalanma kaygısı (bulaşıcı değil, örneğin kanser)
- Şanslı / şanssız sayılar, belirli renkler hakkında batıl inançlar
- Yeniden okuma veya yeniden yazma
- Rutin aktivitelerin tekrarlanması (kapıdan girip çıkmak, sandalyelerden kalkmak ve sandalyeye oturmak)
- Tekrarlayan vücut hareketleri (dokunma, göz kırpma)
- Aktiviteleri "çoklu" olarak tekrarlama (Bir görevi üç kez yapıyorum çünkü üç benim için "iyi", "doğru", "güvenli" sayıdır.)
- Evde önemli ölçüde dağınıklığa neden olan öğeleri toplamak (istifleme)
- Bir şeyleri düzene koymak veya "doğru gelene kadar" düzenlemek (DSM 5, 2014).

Yaşanan travmatik olayla ilgili bir bozukluk oluştuğunu düşündüren semptomlar (travmatik olay sonrası başlamak kaydıyla)

- ❑ *Olayla ilgili anıları sık sık hatırlamak ya da ilgili kâbuslar görmek*
- ❑ *Olayı hatırlatan uyaranlardan uzak durma çabası*
- ❑ *Olayla ilgili unutkanlık, detayları hatırlayamama*
- ❑ *Keyifsizlik ve diğer insanlara karşı güvensizlik hissi*
- ❑ *Uyku sorunları, sinirlilik, konsantrasyon sorunları, kendinden hoşlanmama*[62]

- Sık sık bu olayı düşünmemek için çaba sarf ettiğimi fark ediyorum.
- Gün boyu sıkça bu olayı hatırlatan durumlarla karşılaşıyor ve kendimi olayı düşünürken buluyorum.

Her iki soruya verilen cevap da aslında hâlâ zihninizin bu olayla meşgul olduğunu düşündürür. Bir olayı hem düşünmek hem de düşünmemeye çalışmak zihnimizin o olayla vakit harcadığını gösterir.

On yıl önceki bir travmatik olayın bile etkileri hâlâ sürebiliyor olabilir. Kendini kesme, yoğun madde kullanımı, kendini yakma gibi kendine zarar verme davranışları travmatik olay ile ilişkili olabilir.

VAKA ÖRNEĞİ: *Deprem ânında evin yıkılacağını ve öleceğimi düşündüm. Kaçacak bir yer yoktu ve ben sanki kaderin acı yüzünü bekler gibi olduğum yerde dondum kaldım. Binanın gıcırtıları, komşuların çığlıkları, devrilen televizyon… Tüm sesler birbirine karışmıştı.*

Neyse ki deprem sona erdiğinde binamız sapasağlam ayaktaydı ve bizler apar topar bahçeye attık kendimizi. Ağlayanlar, gülenler, korkudan konuşamayanlar, birbirine sarılanlar, telefonla sevdiklerine ulaşmaya çalışanlar hep bir aradaydık. Ne olur ne olmaz diye geceyi bahçede geçirdik.

Deprem sonrası ilk üç gece hiç uyumadım, eve giremedim, arabada kalmak daha güvenli geliyordu. Dördüncü gün eşimin zoruyla eve girdim yastığıma başımı koydum ama bu sefer de on dakikada bir deprem rüyaları ile zıplayıp uyanıyordum. Gün boyu deprem korkusu içimi kemiriyordu, sürekli kendimi sallanıyor hissediyordum.

Ülkemizde depremi yaşayan da yukarıdakileri hisseden de çoktur. Peki bu durum ne zaman bir bozukluk olarak kabul edilir? Buradaki temel kriter olayın üzerinden ne kadar süre geçtiği. Travmatik olayların ardından ilk günlerde bu tür psikolojik tepkiler vermek normalken, bu tepkiler rahatsız edici şekilde iki aydan fazla sürerse travma sonrası stres bozukluğu düşünülebilir. Deprem deneyimi olan kişilerin büyük bölümü ilk günler bu belirtileri gösterirken yaklaşık %10'u bu etkileri TSSB tanısı alacak kadar uzun yaşar. Bu nedenle yıl içinde yaşadığınız bir travmatik olayın iki ay geçmesine rağmen etkileri sizi hâlâ rahatsız ediyorsa bu konuda bir uzmana danışmanızda fayda var.

Yeme Bozuklukları

Ev karantinaları her defasında kilo alma riskini artıran dönemler olmuştur. Bu dönemlerde gerek genel gerekse sosyal medya yemek ile yoğun meşguliyet yaşar. Tv'de yemek programları, sosyal medyada parlayan şefler, paylaşılan cevizli ekmek fotoğrafları hep bu dönemlerde modadır. Boşluk, can sıkıntısı, oyalanmak, keyif verici etkinliklerde azalma gibi nedenler mutfakta geçirilen zamanı artırabilir. Obezite dünyanın en önemli halk sağlığı sorunlarından biridir. Çünkü en önde gelen iki ölüm nedeni olan kalp hastalıkları ve kanserle ilişkilidir. ABD'deki yetişkinlerin %70'i kilolu, %35'i obez iken, çocuklarda bile bu oran %20'ye ulaşmıştır.[63]

Düzenli Egzersiz ile Psikolojinizi Diri Tutun[64]

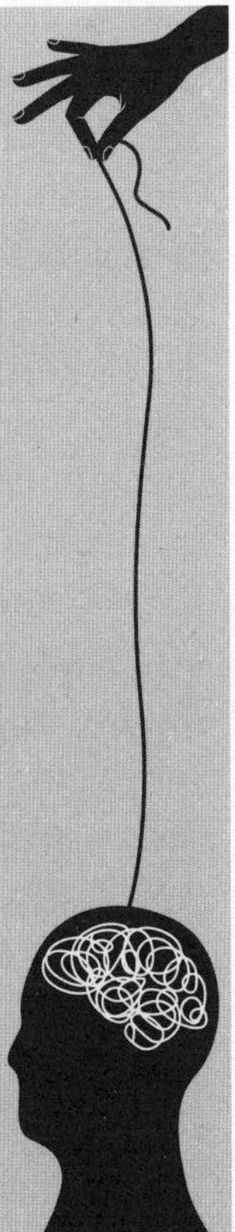

Evde geçirilen zamanın artması, *fast-food* alışkanlıkları, sosyal medyadaki filtrelerin doğal görüntüyle ilgili kaygıları azaltması, ekran başında geçirilen süre artarken teknoloji ile beraber hareketin azalması obezitenin artış nedenleri olabilir. Peki siz kilo ile ilgili bir sorununuz olup olmadığını nasıl anlarsınız?

- Beden kitle endeksinizin 30'un üzerinde olması (Beden kitle endeksinizi, kilonuzu (kg.) boyunuzun (cm.) karesine bölerek hesaplayabilirsiniz.)
- Zihinde sürekli yemekle ilgili planlar olması
- Yenen miktardaki artışa rağmen doyma hissinde azalma
- Hareket etmekte zorluk ve çabuk yorulma
- Horlama ve uyku apnesi ile dinlenmeden uyanmak
- Aynadaki görüntünüzden memnuniyetsizlik ve işe yaramayan diyet denemeleri
- Kendinizi iyi hissetmediğinizde bu duyguyu değiştirmek için yemek

Duygularını yiyor olabilir misin?

Kendini iyi hissetmediğin zamanlarda aslında aç olmadığın halde yemek istiyor musun?

Bu yeme isteği genelde seni kimsenin izlemediği durumlarda mı ortaya çıkıyor?

Yediğin şeyler besleyici özelliği olan besinlerden ziyade, anlık haz verecek abur cuburlardan ya da dışarıdan söylediğin hazır yiyeceklerden mi oluşuyor?

Ertesi gün uyandığında yediklerin yüzünden içini bir pişmanlık kaplıyor mu?

Eğer bu soruların çoğuna cevabın evetse, sen de duygusal yeme problemi yaşıyor olabilirsin. Duygularımızı değiştirmek, kendimizi iyi hissetmek ve hatta sorunlarımızı unutmak için zaman zaman kendimizi yerken bulmamız mümkün. Çünkü özellikle şekerli gıdalar, abur cuburlar, *fast-food* gibi yiyecekler ki bunlar genelde yasak olanlardır, insan beyninde ödül merkezini tetikler ve anlık bir haz meydana getirir. Bazı insanlar yaşadıkları sorunların hissettirdiği olumsuz duygularla yüzleşmek veya onları çözümlemek yerine yemek yemenin hazzını tercih eder. Bu birçok bağımlılıkta gözlenen durumdur. Yemek sırasındaki tatmin duygusu, olumsuz duyguları birkaç saatliğine halının altına süpürür ve o an için unutulmuş hissettirir. Fakat yemek sorunu çözmez sadece duyguyu öteler. Sabah kalktığında hem sorunlarının olduğu gibi kaldığını görürsün hem de sağlıksız beslenmenin bedeninde yarattığı olumsuz etkilerden dolayı daha fazla pişmanlık hissedersin.

Kendini iyi hissetmek için bastıran yeme arzusuna duygusal yeme deniyor. Duygusal yeme sorunu olup olmadığını anlamak için fizyolojik açlık ile duygusal açlık arasındaki farkı anlamak gerekir:

Fizyolojik Açlık	Duygusal Açlık
Yavaş yavaş oluşur.	Aniden bastırır.
Yemek saati için bekleyebilirsin.	Hemen yemen gerekir, ertelemesi güçtür.
Sağlıklı gıdalar tercih edilebilir.	Büyük oranda abur cubur ve *fast-food*'a yönelme olur.
Normal fizyolojik ihtiyaçtan kaynaklanır.	Rahatsız edici duygulardan kurtulmak içindir.

Duygu Düzenleme Becerilerini Geliştirin

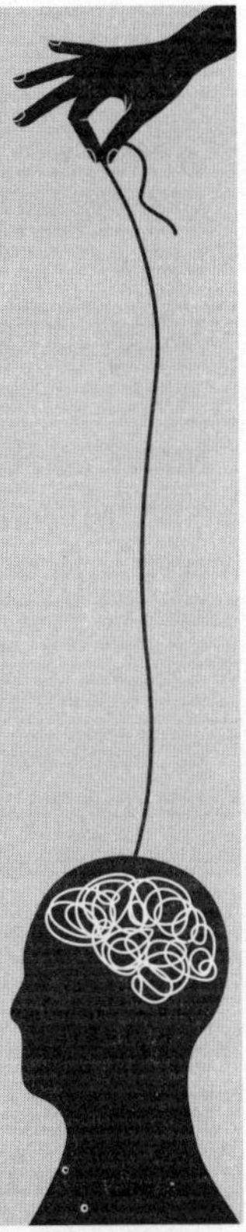

Tüm duygularınızın farkına varın ve kontrolü ele alın. Öfkenizi tanırsanız kontrol edebilirsiniz, görmezden gelerek nefret ve hiddete döndürürseniz o sizi kontrol eder. İsteklerinizi bilirseniz onları elde edersiniz, bilmezseniz istekleriniz kıskançlığa dönüşür ve sizi ele geçirir. Korkularınızın farkına varıp anlamaya çalışırsanız onları kontrol edebilirsiniz, görmezden gelip kaçarsanız korkularınız fobiye dönüşür ve sizi kontrol etmeye başlar. Öfke ve korku hayatta kalmamızı sağlayan ilkel duygulardır. Ne kadar telefonlarımızın bizlerden daha akıllı olduğu bir dönemi yaşıyor olsak da on bin yıllık içgüdülerimiz hâlâ var ve aniden öfkelenebiliyoruz. Mutsuzluk aynı hataları yapmaktan, öfke engellenmekten ve korkularımız da bizi göz göre göre mağlup olmaktan korur. Olumsuz duygu yoktur, duygularını olumsuz kullanan insan vardır. Duygularımızı fark etmez, onları yok sayarsak, onların oluşturduğu olumsuz hislerden sıyrılmak için abur cubur tüketimi, online alışveriş ya da online oyun bağımlılığı gibi riskli yollara girebiliriz.

Zayıfım Ama Kendimi Kilolu Hissediyorum

Duygusal yeme sorununda nasıl iştahta ani yükselmeler oluyorsa bir diğer sorun da psikolojik ve duygusal temelli iştah kaybıdır. Bu iştah kaybı uzun süren kilo alma korkusunun neden olduğu bir durumdur.[65] Obezite konusunda söz ettiğimiz Beden Kitle Endeksi bu durumda normalin oldukça altına düşmüştür (18,5'ten düşük). Bu genç kadınlarda görülen bir sorundur. Şayet çevreniz size çok zayıf olduğunuzu ısrarla söylüyorken siz kendinizi hâlâ kilolu hissediyorsanız şunlara kulak verin: Sürekli diyet yapıyor, yediklerinizi çıkarma davranışlarıyla yoğun kilo kaybı yaşıyorsanız, kilo vererek azaltılamayan şişmanlık ve kilolu olma korkunuz varsa, zayıf olmanıza rağmen bedeninizin bütünü ya da belli bir bölgesinin kilolu olduğu konusunda hatalı algıya sahipseniz, kilo verme amaçlı takıntılı bir egzersiz programı uyguluyorsanız psikolojik temelli bir iştah kaybı sorunu yaşıyorsunuzdur.[66]

Ölüm riski yüksek olan bu sorun, kronik hale gelmeden fark edilip engellenirse, kişiler kalp sorunları ortaya çıkmadan önce tedavi edilebilir.

Kilo ile ilgili yoğun hassasiyete sahip olan insanın yemeyi bırakması bir sorunken, yine bu hassasiyete sahip olup yemeyi durduramayanlar için başka bir riskli durum söz konusudur. Bu risk kendini kusturma ya da ishal yapıcı maddelerin kötüye kullanımı ile kiloyu koruma çabasıdır. Kilo hassasiyeti olan kişiler belli nedenlerle tıkanırcasına yeme krizine girip sonunda yediklerini çıkararak çift taraflı bir rahatlama alışkanlığına yakalanmış olabilirler. Tıkanırcasına yeme ataklarını bazen günlük stres etkenleri, ilişki sorunları, üzüntülü duygu ya da yoğun açlık durumları tetikleyebilir.

Sağlıklı Beslenmek Mümkün[67]

Beslenme alışkanlıklarınız için dikkat etmeniz gereken psikolojik etmenler:

- Normal kilo oranınızı hesaplayın, bunun altına inmeye gerek olmadığını kabul edin.
- Atıştırmalıklarınızı meyve ve sebzelerden oluşturmaya çalışın.
- Beden görünümünüzü kabul edin.
- Sevilmek için zayıf olmanız gerekmediğini fark edin.
- Özsaygınız kilonuz ile ilişkili olmasın.
- Yemek yerken yavaş hareket edin.
- Beslenme ve egzersiz arasındaki dengeyi tutturun.
- Kendinizi ödüllendirirken abur cuburu kullanmayın.
- Yeni beslenme tarzınıza hemen bugün başlayıp sürekli hale getirin.

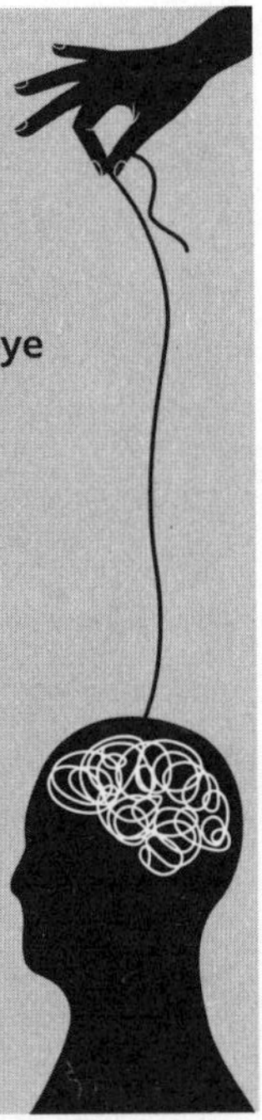

Haz verici olan tıkanırcasına yeme bulimik kişilerde pişmanlık, telafi edici çıkarma davranışları ya da aşırı egzersiz ile sonuçlanır. Can sıkıntısını bastırmak için aşırı yemek ve bunun pişmanlığı sonucunda ortaya çıkan telafi etme davranışlarıyla ilgili şikâyetiniz varsa bir uzmandan yardım istemeniz size yarar sağlar. Zira bu sorunda da erken teşhis, ölüm oranının yaklaşık %5 olduğu bir rahatsızlık için kritiktir. Bu erken teşhis sizi uzun vadede kalp sorunları, obezite ve diş/boğaz problemlerinden korur.

Gerçekle Hayalin Tam Ortasındayım (Şizofreni)

VAKA: *Önceleri yaşadığım garip halin üniversite için şehir değiştirmek ve yurt hayatı kaynaklı stresten olduğunu düşünüyordum. Geceleri oturup gündüzleri yaşamak, odamdan çıkmak istememek, telefonlara cevap vermemek ve internette gerçek hayattan kopuk bir yaşam oluşturmak.*

Bir akşam altı gündür odamdan hiç çıkmadığımı fark ettim. İnsanların Instagram paylaşımlarında bana gönderilen gizli mesajları okuma çabası adeta tüm günümü alıyordu. Radyo DJ'lerinin şarkı sıralamaları ile bana gönderdiği mesajların şifrelerini bulup çıkarmak ve bunları uygulamak tüm hayatım olmuştu.

Annemin ve oda arkadaşımın beni psikoloğa götürme çabasından çok rahatsızdım, zihinlerinin küreselci ajanlar tarafından uzaktan kontrol edildiğine dair şüphelerim her geçen gün güçleniyordu. İnsanların çoğu sanki aynı oyunun içinde bana cephe almış durumdaydı ve kurtarıcı için bana mesaj iletmenin tek yolu Instagram paylaşımları ve radyodaki şarkıların gizli kodlarıydı. İşin en zor tarafı çevremde bu durumu anlayabilecek hiç kimsenin olmamasıydı, derin bir yalnızlık içinde hakikati bilmekle lanetlenmiştim.

İlaç tedavimin üçüncü haftasından itibaren odada ne kadar sıkıldığımı ve arkadaşlarımı özlediğimi fark ettim. Zihnimdeki sis dağılmış gibiydi. Biraz tedirgin de olsam derslerime gitmeye başladım. Instagram ve radyodaki şarkılardan gelen mesajlar geçerliliğini yitirdi, onları takip etmeyi bıraktım. İlacımı kullanmaya başladıktan sonra eskisi gibi düşünmeye başladım, zihnim adeta tekrar bana ait hale gelmişti.

Psikozlar sinsi sinsi başlar. Utangaçlık, yalnız olmayı tercih etmek, geceleri çalışmayı sevmek gibi çok da garip olmayan semptomlar yavaş yavaş odadan çıkmamaya, olmayan sesleri duymaya, takip edilme sanrılarına, hayali arkadaşlardan emirler almaya ve çevredeki herkesten şüphe etmeye kadar ağır semptomlara dönebilir. En ağır hali gerçeklikle bağın koptuğu haldir. Başlangıç yaşının en net bilindiği psikolojik sorundur. 17-20 yaşları civarında yavaş yavaş başlar ve ömür boyu devam eder. Erken teşhis ile başlanan erken ilaç tedavisiyle semptomlar kontrol altına alınarak sorunsuz bir yaşam mümkündür. İlaçlar yaşam boyu kullanılmalıdır. Bu sorunun başladığını ya da var olduğunu nasıl anlarız birkaç madde ile özetleyeyim:

- Gerçeklikle bağ azalabilir.
- Gündüz yerine gece yaşam başlayabilir.
- Sosyalleşmede azalma olabilir.
- Takip edilme paranoyası başlayabilir.
- Konuşmada ve sözcük içeriğinde bozulmalar olabilir.
- Öz bakım becerilerinde düşüş yaşanabilir.
- İş ya da okul hayatı bırakılabilir.
- Kişi kendisine geniş kapsamlı bir komplo düzenlendiğini düşünebilir. (sanrı)
- Olmayan sesler duyulup, nesneler görülebilir. (halüsinasyon)

Lise son sınıf, üniversite hazırlık ya da birinci sınıfta yaşanan yoğun stres sorunun tetiklenmesine ve başlamasına neden olabilir. Okul ve sosyal aktivitelere ilginin azalması ve asosyallik ile kendini gösterir. İçe çekilme gittikçe artan şekilde var olur. Duygular yavaş yavaş etkisini kaybeder ya da yüze yansımaz.

Genelde aile öyküsüne rastlanır. Tanı için şüphelenildiğinde, ailenizde tuhaf davranışları ile bilinen akrabalarınız var mıydı, diye sorulur. Genel yaygınlık %1'ken her iki ebeveynin şizofreni hastası olduğu çiftlerin çocuklarında bu hastalığın görülme ihtimali %27'dir. Tek yumurta ikizlerinden biri bu hastalığa sahip olduğunda diğerinin de olma ihtimali %44'tür.

Tam bu yaşlarda, özellikle ailede benzer öykü varsa, sinsice başlayan bir yalnızlaşma, içe kapanma, olmayan şeylerle iletişim ve izleniyor olmaktan rahatsızlık gibi bir sürecin içine girerseniz lütfen hemen bir uzmandan yardım isteyiniz. Ne kadar çabuk buluşursak, sorun o kadar hızlı çözülecektir. Bu süreç başladığında yaşadıklarınızı çok şaşırtıcı ve size özel hissedip, anlatsanız da çevrenizdekilerin sizi anlamayacağını düşünebilirsiniz. İşte psikoloji uzmanları tam bu noktada devreye girmelidir. Bunun dünyada birçok kişi tarafından yaşanan bir sorun olduğunu bilin ve bir uzmana başvurmaktan çekinmeyin.

Ama Ben Hep Böyleydim Demeyin: Psikoloji dünyasının en uzun soluklu ve değişime dirençli problemi kişilik bozukluklarıdır. Adı üzerinde, sanki yaşadığımız sorunlar üzerimize yapışmış bir kişilik özelliği gibi hep bizimledir. "Çocukken de kimseyle anlaşamazdı,", "Her gittiği okuldan uzaklaştırıldı,", "Olaya karışan gencin yetmiş altı ayrı suçtan sabıkası olduğu anlaşıldı." gibi cümlelere zaman zaman tanık olmaktayız. Bu cümleler yaşanan sorunun uzun süredir yoğun şekilde var olduğunu düşündürür. Kişilik bozukluklarında durum genelde böyledir.

Zaman zaman herkeste görülebilecek sorunlu kişilik özellikleri kişilik bozukluğu durumunda kalıcı, aşırı, katı ve uyumsuz şekildedir. Ama her zaman da bir çaresi vardır. Önemli olan uzun süredir sizin ve çevrenizin şikâyet

Hobi edinin!

Yoğun iş ve aile hayatı içerisinde enerjinizin tükendiğini hissedebilirsiniz. Sürekli olarak işten eve, evden işe geçen hayatınızın tekdüzeleşmesi sizi mutsuz edebilir. Bir süre sonra işteki ve evdeki monotonluğunuzdan sıkılabilir, yaşamınızdan keyif almamaya ve şikâyet etmeye başlayabilirsiniz. Tam bu noktada kısırdöngüyü kırmak için bir hobi edinmeniz ve yeni bir şeyler öğrenmeniz hayatınıza heyecan katarak yaşam kalitenizi olumlu şekilde etkileyecektir.

- Tükendiğinizi hissettiğiniz ve heyecan istediğiniz durumlarda resim, dans, enstrüman, satranç, tiyatro gibi kurslara gitmek, spor gibi aktiviteler yapmak aile hayatınızı ve yaşam kalitenizi yükseltebilir.
- Sosyalleşmenize yardımcı olabilecek bu hobiler yeni insanlarla iletişim halinde olmanızı sağlayarak yaşam monotonluğunuzun önüne geçebileceği gibi yeni dostluklar edinmenizi de sağlayabilir.
- Bir hobi edinmek ruhsal sağlığın yanı sıra fiziksel sağlığınızı da koruyacaktır. Bir hobi edindiğinizde hareket miktarınız artacağı için fiziksel sağlığınız da bu durumdan olumlu bir şekilde etkilenebilir.
- Yeni bir hobi edinirken eşinizle ya da dostlarınızla beraber hareket etmek kendinizi daha iyi hissetmenizi sağlayabilir.

ettiği bu sorunların aslında çözümü olabilecek psikolojik durumlar olduğunu fark etmenizdir. On farklı kişilik bozukluğu aşağıdaki tabloda verildiği şekilde üç kümede gruplanmıştır.[68]

Tablo 2. **Kişilik Bozuklukları Grupları ve Kısa Tanımları**

A Kümesi	**Temel Özellik**
Paranoid KB	Başkalarına karşı güvensizlik ve kuşkuculuk
Şizoid KB	Toplumsal yaşamdan uzaklaşıp sınırlı duygularla yaşamak
Şizotipal KB	Yakın ilişki kurmakta zorluk, sıradışı davranışlar
B Kümesi	
Antisosyal KB	Empati zorluğu, vicdansızlık, kurallara uymama
Borderline KB	İlişkilerde, duygulanımda tutarsızlık, aşırı dürtüsellik
Histriyonik KB	Aşırı duygusallık ve ilgi çekme arayışı
Narsisistik KB	Büyüklenme ve beğenilme arzusu, empati eksikliği
C Kümesi	
Çekingen KB	Sosyal çekingenlik, yetersizlik hissi, reddedilme duyarlılığı
Bağımlı KB	Boyun eğme ve ilgilenilme isteği, ayrılma korkusu
Obsesif Kompülsif KB	Düzenlilik, eksiksizlik ve kontrol altında tutma uğraşı

Şimdi bu bölümde yaygınlığı en yüksek olan iki kişilik bozukluğunu ele alacağız. Bunlar antisosyal ve borderline kişilik bozuklukları. En sonda da yaygın olmamasına rağmen şöhret olan narsisistik kişilik bozukluğundan kısaca bahsedeceğim.

Alayına İsyan, Alayına Gider

Kural tanımazlık, empati eksikliği, vicdansızlık, aşırı risk alma davranışları, dürtüsellik diye bu sorunun özelliklerini yazmaya başlasak "aman aman" dersiniz, "asla böyle biri olmak istemem". Ama ne yazık ki yaygınlığı %3,5 olan antisosyal kişilik bozukluğu bu kategorinin en yaygın sorunudur. Yasaları sıkça çiğneyen bu grupla klinik psikologlar genelde adli vaka olarak karşılaşırlar.

Suç işlemenin yanı sıra ceza almaktan kaçma konusunda da hünerlidirler. Büyük kavgalara karışıp yara almadan, yaptığı ölümlü trafik kazasından sağ olarak, girişilen adli olaydan hapse girmeden kurtulan genelde kendisi olur. Bu hüner, tecrübeden gelir. O, öyle uzun süredir başını belaya sokmaktadır ki, deneyimleri ona nasıl kurtulabileceğini de öğretmiştir.

Bu kişiler arzularını ertelemekte zorluk yaşarlar ve isteklerinin bir an evvel olmasını beklerler. Ödül peşine düştüklerinde kuralları çiğneyebilirler. Empati becerilerinin zayıf olduğunu düşünürsek, kurallardan çabuk sapma, başkalarının hakkını yeme konusundaki cesaretleri daha iyi anlaşılabilir.

Çocuklukta sık ve zarar verici şekilde yalan söyleme, akran zorbalığı, disiplinsizlik ve okuldan kaçma gibi davranış sorunları ile başlayıp erken ergenlik döneminde hırsızlık, darp, çetecilik gibi adli olaylarla devam edebilir. Aile içinde ve işyerinde sorunlar yaşayan bu grup genel olarak başkalarının haklarına saygı duymazlar. Madde bağımlılığı ile beraber tanı alma ihtimali yüksek olan bu kişilik bozukluğuna sahip olan kişiler hüküm giymiş suçluların dörtte üçünü oluştururlar. Bu nedenle tanı ve tedavisi toplumsal olarak da önem arz eder.

Kalıtsallığın yüksek bulunduğu bu kişilik bozukluğunda, aile ortamı ve yoksulluğun kolaylaştırıcı etkenler olduğu görülmektedir. Tutarsız ebeveyn davranışları, birlikte ebeveynlik becerilerinin düşüklüğü, sevgi ve şefkatte azlık ile ev içi şiddet, kalıtsallıktan daha güçlü şekilde antisosyal davranışlara neden olabilmektedir. Yoksullukla ilişkisine bakıldığında ise giderek artan ekonomik sorunlar, düzenli yoksulluğa oranla daha ciddi risk oluşturmaktadır.[69]

Kâh Çıkarırım Gökyüzüne, Kâh Atarım Oradan Seni

Borderline (sınırda kişilik bozukluğu) özelliği olan insanlar ilişkilerinde rezidans asansörü gibidir. Hayatına giren kişileri en yüksek kata hızla çıkarır, zemine de hızla indirir. Bu kişilik bozukluğunda en üst düzey idealize ediş, yerini en küçümseyici öfkelere bırakabilir. Dün övdüğüne yarın sövebilir.

Bu sorundan mustarip kişilerde duygudurum çok ani ve beklenmedik yönde değişebilir. Bu değişimler içinde beklenmedik, ani öfke patlamaları saldırganlığa dönüşebilir. Bazen öfke içe dönerek kendini yaralama davranışlarına da neden olabilir. Bu ani duygu değişikliklerini regüle etmek için kumar oynamak, madde kullanmak, aşırı alışveriş ve kendini yaralamak gibi dürtüsel davranışlar görülebilir. Hastalığın gelişiminde genetik faktörler ve çocukluk çağı istismarının etkili olduğuna dair bulgular vardır.

Borderline tablosunda bunlara rastlanabilir:[70]

- ❑ *Diğerlerini idealleştirme ve aniden değersizleştirme*
- ❑ *Terk edilme endişesi ve yalnız kalmaya karşı duyarlılık*
- ❑ *Kendini yaralama davranışları ve intihar düşünceleri*
- ❑ *Aşırı alışveriş, kumar, madde kullanımı gibi dürtüsel davranışlar*
- ❑ *Boşlukta hissetme*
- ❑ *Yoğun öfke nöbetleri ve saldırganlık*
- ❑ *Özsaygı ve özgüvende dalgalanmalar*
- ❑ *Ergenlikte başlayan semptomlar kırk yaş civarı büyük oranda yok olur.*

Narsisistik Kişilik Bozukluğu: Bu başlık altında öncelikli olarak şunu söylemek gerekir ki siz, eski sevgiliniz ve patronunuz narsisistik kişilik bozukluğuna sahip değilsiniz. Narsisizm hakkındaki kulaktan dolma bilgiler kiminde her davranış ve kişiyi bu perspektiften değerlendirme çabasına dönebiliyor. Oysaki toplumda yaygınlık oranı %1'in altındadır. Sanıldığının aksine bu kişiler yeteneklerini yüksek görmekten ziyade yetersizlik ve değersizliklerinin diğer insanlar tarafından öğrenilmesini engellemek peşinde semptom gösterirler. Kibir, kıskançlık, gizil ve yoğun yetersizlik hissi, eleştirilmeye karşı duyarlılık ve kendini açmada zorluk temel görüntülerdir. Bu konudaki bilgi kirliliğinin ana nedeni, narsisizmle bilimden çok edebiyat ve mitolojinin ilgilenmesidir. Bilimsel olmayan psikoloji denemeleri ve sosyal medya içeriklerinde de sıkça bu kişilik bozukluğuyla ilgili spekülasyonlara rastlanır.

Alırken Çok Mutlu, Öderken Çok Pişmanım

Pandemi süreci nasıl abur cubur tüketimini ve online oyun oynama süresini artırdıysa, benzer şekilde aşırı alışverişten dert yananların da sayısı oldukça artmıştır. Akıllı telefon kullanımı süresindeki artışa paralel alışveriş uygulamalarının kullanımı dolayısıyla ihtiyaç dışı satın alma davranışlarında da sınırlar zorlanmıştır. Artan akıllı telefon ekran süresinin yanı sıra benlik saygısında azalma, sosyal statü beklentisi, plansızlık, dürtüsellik, endişe ve can sıkıntısına bağlı olumsuz duygularla baş etme isteği ve biriktirme arzusu ihtiyaç dışı satın almanın diğer nedenleridir.

Alışveriş bağımlılığı mantıkla değil duygularla ortaya çıkan, sahip olmanın verdiği kısa süreli hazza dayalı, peşinden pişmanlığın geldiği tekrarlanan bir süreçtir. Sosyal medya reklamları, kredi kartı kullanımı, renkli akıllı telefon uygulamaları, fırsat yakalama illüzyonu ve bazı kişisel faktörler bu dürtü bozukluğunu besler. Hazzı ertelemekte sorun yaşayan ve olumsuz duygularını bir şeyler satın alarak gideren materyalist kişiler risk grubundadır. Satın alarak iyi hissetme arayışının içerisinde AVM'lerin hijyeni, kokusu, şıklığı,

Hangisi ihtiyacın olmayan bir ürünü satın almayı mantıklı kılar?

Bir alana bir bedava	*Son 2 GÜN*	*%40+ %30 indirim*	*49.90 tl*
Kasım indirimleri	*3 al 2 öde*	*Büyük indirim*	*Dev Kampanya*

renkleri ve satış elemanlarının yaklaşımının yanı sıra, satın alarak benlik saygısını artırma şansı da yerini alır.

Yirmili yaşlarda başlayıp kadınlarda daha sık görülen ihtiyaç dışı aşırı alışveriş yapma sorununun internet bağımlılarının %30'unda eştanı olarak görüldüğü bilinmektedir. Baş etmekte zorlanılan olumsuz duyguyu bastırmak amacıyla yapılan alışverişin, kısa süre sonra pişmanlık etkisiyle daha yoğun bir olumsuz duyguya dönmesi olasıdır. Bu nedenle bir kısırdöngü haline gelebilir. Çözüm bu kısırdöngü içerisinde kredi kartları ile çare aramaktansa bir uzmandan destek almak olmalıdır.

Gardırobunuzda hiç kullanmadığınız kıyafetler varsa, akıllı telefonunuzdaki alışveriş uygulamalarını sık kullanıyorsanız, kredi kartı borcunuz düzenli artıyorsa, zaman zaman satın aldığınız ürünlerden dolayı pişmanlık yaşıyor ve tekrar yapmayacağım dediğiniz halde aniden kendinizi ihtiyaç dışı ürün satın alırken buluyorsanız bir uzmandan bu konuda değerlendirme istemenizde fayda var. Fırsat yakaladım heyecanının bir süre sonra pişmanlığa döndüğü dürtüsel satın alma döngüsünü erkenden kırmak, ekonomik açıdan da psikolojik / duygusal açıdan da, ailenizle ilişkileriniz açısından da hayatınızı kolaylaştıracak.[71, 72]

Mutlusuzlukla Baş Etmeyi Öğren[73]

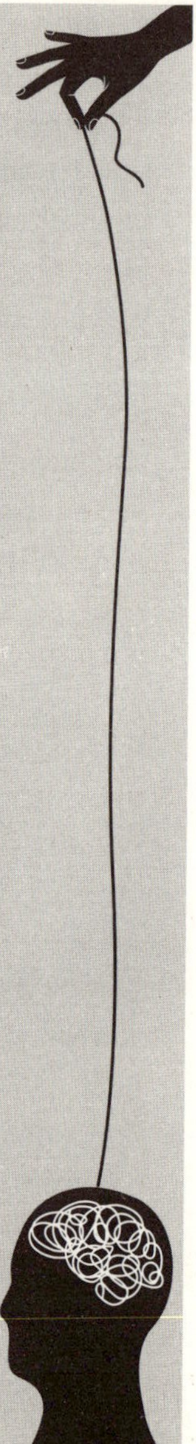

Mutlusuzluk, arzu edilen bir şeye sahip olunamaması durumunda onun yoksunluğuna bağlı oluşan negatif histir. Arzu nesnesine ulaşamayan bireyin yetersizlik ve değersizlikle harmanlanmış duygusudur. Doyumsuzluk, şikâyet, ahlaki yozlaşma, dürtüsellik, diğerlerine özenme gibi belirtilerle kendisini hissettiren psikolojik bir virüs gibidir.

Mutsuzluk gibi işlevsel değildir, yok edici, tükettikçe daha da acıktıran bir haz arama virüsüdür. Kilo aldığın için cips yiyemediğinde mutsuz değil, mutlusuzsun, Instagram'da fotoğrafın yeterince beğeni almadığında mutsuz değil mutlusuzsun. Bir şey kaybetmiş değil, mutluluğun yoksunluğundasın. Mutluluğu geçici, kısa süreli hazlara indirgediğimiz için sürekli mutlusuzuz.

Annenden yadigâr kolyeyi kaybettiğinde mutsuz, benzer kolyeyi vitrinde görüp almak isteyip paran yetmediğinde "mutlusuz" olursun. Mutlusuz güneş gözlüğü ister, alınca güneş gözlüğünün keyfini sürmek yerine akıllı telefonun yeni versiyonunu ister, ona sahip olunca yeni ayakkabı, sonra tablet, daha çok takipçi, araba, tatile çıkmak, sınırsız internet, yeni elektrik süpürgesi, laptop, sarı saçlar, kilo vermek, enstrüman çalmak, yoga... Bitmez bir kısırdöngü halinde, elinde olanın mutluluğu yerine sahip olmadıklarının yoksunluğu sarar zihnini.

Mutlusuzlukla baş etme yolu elindekinin değerini bilmek ve onunla derin bağ kurmaktır. Fakat mutlusuzlar elindekine değil diğerinin elindekine odaklıdır. Diğerinin kekine özenirken elindeki un, süt ve şekerin kek olma potansiyelini fark etmez. Yapması gereken, her şeye sahip olmaya çabalamak yerine elindekinin değerini bilmek olmalıdır.

Teknoloji Bağımlılığı

Kişinin teknoloji kullanımı davranışları üzerinde kontrol sağlamakta güçlük çekmesi şeklinde tanımlayabileceğimiz teknoloji bağımlılığı, günümüzde neredeyse yaş gözetmeksizin herkesin kapısını çalabilecek bir sorundur. Görülme yelpazesinin genişliğini oluşturan ise teknolojinin artık herkesin elinin altında bulunması ve kullanımının her yaşa hitap edecek kolaylıkta olmasıdır. Pandemi karantinaları sırasında oranları iyice artan teknoloji bağımlılığının en önde gelen belirtileri:

- Teknolojiyi kullanmaya aşırı istek duymak
- Teknoloji kullanımı konusunda davranışların kontrolünü sağlayamamak
- Fizyolojik, psikolojik, toplumsal alanlarda sorunlara yol açtığının farkında olup yine de teknoloji kullanımının önüne geçememek
- Teknoloji kullanımı nedeniyle günlük işlere ilgiyi kaybetmek
- Teknoloji kullanımından doyum alabilmek için kullanım süresini artırmak

Teknoloji bağımlılığı çeşitli form ve yoğunlukta hayatımıza girebilir. Çevrimiçi kumar bağımlılığı, dijital oyun bağımlılığı, internet bağımlılığı, ekran bağımlılığı, nomofobi bunlara örnek verilebilir. Ama bunlar arasında en yaygın olanı gün boyu yanımızda taşıdığımız akıllı telefonun sorunlu kullanımıdır. Hayatımızı kolaylaştıran, bedenimizin bir parçası haline gelen, tüm gün elimizdeki akıllı bıdık bize dost mu düşman mı nasıl anlarız bununla devam edelim.

Teknoloji Kullanımını Sınırlayın[74]

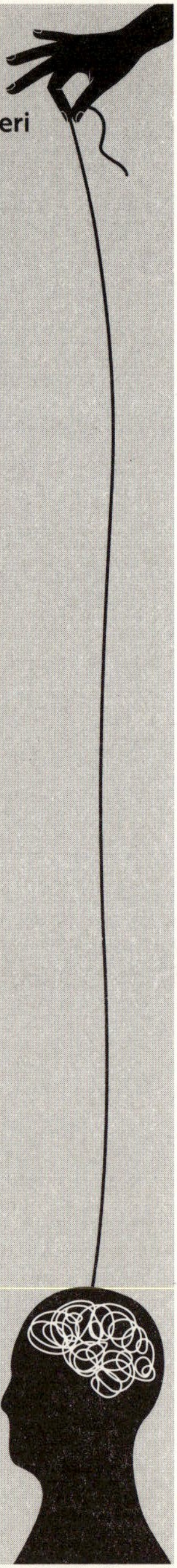

Teknolojinin, özellikle de akıllı telefonların kullanım süreleri çok arttı. Bu artış kişilerin sosyal hayatlarını, hobilerini, aile ve arkadaşlık ilişkilerini, profesyonel hayatlarını riske atmaktadır. Akıllı telefon kullanım sürenizi azaltmak için aşağıdaki önerileri uygulayabilirsiniz:

- Gün içerisinde ne sıklıkla telefonunuza baktığınıza dikkat edin. Telefonu elimize her 4 alışımızdan 3'ünün bir amacının olmadığını hatırlayın.
- Gün içerisinde önemli ve dikkat gerektiren bir iş yaparken ne sıklıkla akıllı telefonunuzdan gelen bir bildirimle dikkatinizin dağıldığının farkına varın.
- Kâr zarar hesabı yapın, dikkatinizin dağılması yüzünden yarım kalan işinizin önemi ile telefonunuza gelen bildirimin önemini ve uzun vadede hangisinin sizin yararınıza olduğunu düşünün.
- Arkadaşlarınız ve ailenizle yüz yüze kurduğunuz etkileşimlerin ne sıklıkta akıllı telefonunuza bakma ihtiyacı yüzünden sekteye uğradığının farkına varın.
- Dikkat gerektiren işlerinizde ya da yüz yüze etkileşimlerinizde telefonunuzun bildirim sesini kısın ve ekranını ters çevirin.
- Kendinizi mutsuz hissettiğiniz zamanlarda diğerlerinin sosyal medya hesaplarını incelemek yerine harekete geçin. Dışarı çıkın yürüyüş yapın, kitap okuyun veya arkadaşlarınızla buluşun.
- Sosyal medya platformlarında kaçırdığınızı düşündüğünüz şeylerdense ana odaklanmaya çalışın. Derin bir nefes alın ve telefonunuzu kontrol etmek yerine anda kalın.
- Takip ettiğiniz kişilerin ne yaptıklarına odaklanmak yerine kendi yaptıklarınıza odaklanın.
- Uyku vaktinizden yarım saat önce sosyal medyada etkinliğinizi sonlandırın ve yatak odanıza telefonunuzu sokmayın.
- Aileniz ya da arkadaşlarınızla oturduğunuz yemek masasına telefonunuzu getirmeyin.
- Arabadayken gözünüz telefonunuzun ekranı yerine camdan dışarıda olsun.

1. Sorunlu Akıllı Telefon Kullanımı (Telefonumu Sorunlu Kullandığımı Nasıl Anlarım?)

Telefonunuz bir elektronik alet mi yoksa en yakın sırdaşınız mı? Akıllı telefon hayatımızı düzene sokan, dünya ile bağımızı sürekli kılan, aile ve arkadaşlarımıza her istediğimizde ulaşmamızı sağlayan, birçok uygulama ile sorunlarımıza hızlı çözüm önerileri sunan üst düzey bir teknolojik araçtır. Her güzel şey gibi kötüye kullanıma da açıktır. Bu kötüye kullanım kumardan, oyundan, alışverişten daha tehlikelidir. Çünkü diğerlerinden farklı olarak telefonumuz 24 saat bizimle olup, diğer bağımlılıklara ulaşma yolunu da içinde barındırmaktadır.

Akıllı telefonun kötüye kullanımına sorunlu akıllı telefon kullanımı adı verilmektedir. Bu kötüye kullanma, işlerimizi aksatmamıza, okul ve işyeri devamsızlıklarına ya da oradaki konsantrasyonumuzun azalmasına, çocuklarımızı ihmal etmeye, uykusuzluğa, arabada kaza riskine, sosyal hayatta yalnızlığa neden olabilir.

Akıllı telefon kullanan Amerikalıların minimum %80'i telefonuna ulaşamamayı düşündüklerinde yoğun bir kaygı hissettiklerini bildiriyorlar (*extreme tech anxiety*) ve en az %75'i gün boyu telefonlarına en fazla 50 santimetre mesafede olduklarını söylüyorlar. Bireyin yaşam kontrolünü olumsuz yönde etkileyen bu kaygılı his[75] arttıkça kişi günlük işlerine odaklanma sorunu çekebilmekte ve gece boyunca telefonunu açık tutup sıklıkla kontrol ettiği için uyku düzensizlikleri yaşayabilmektedir.[76] Telefonlarımızdan en azından araba kullanırken, yemek yerken ve uyurken uzak durabilmemiz gerekir.

Akıllı telefonların cezbedici yanı kumarhanelerdeki kollu makinelerinkine benzer. Kolu indirdiğiniz anda dönerek ekranda akan simgeler beynimiz için büyük bir kazanma heyecanı ve ödülken, uygun bir sıralama ile durduklarında para kazanmak beynimiz için ikincil ödülü sağlar ve bu etki kolay kolay sönmez. Ders çalışırken aklımıza akıllı telefonumuz geldiği anda bir de iyi senaryo gelir. Bu senaryo "Ezgi fotoğrafımı beğenmiş olabilir", "eski sevgilim beni tekrar eklemiş olabilir", "öğrenci başkanımız istifa etmiş olabilir, hemen aday olurum" gibi iyi ihtimallerdir. Bu senaryolar kollu makinenin kolu indirildiği anda ekranda dönen simgeler gibidir. Beklenen senaryo gerçekleşmemiş ama gerçekleşme ihtimali belirmiştir. Telefonu açıp baktığımızda gerçekten beğeniler, eklemeler gelmişse işte bu da ikincil ödüldür. Kolay kolay sönmez ve duyguyu olumluya çevirir. Fakat zamanla telefonu her açış sonrasında karşılaşılan her beğeni ve olumlu yorum beynimiz tarafından ödül tepkisi ile karşılanmakta ve bu ödüle yoğun maruz kalma durumu mezolimbik dopamin sisteminde (ödül yolağı) soruna yol açmaktadır. Bu durum aynı ödülü almak için daha sık akıllı telefonu kurcalamaya hatta akıllı telefonsuz kalma korkusuna (nomofobi) dönüşebilmektedir.[77]

Peki ne yapmalı? Telefonumu sorunlu mu kullanıyorum, eğer öyleyse bunu nasıl anlarım? Şimdi lütfen aşağıdaki listeye bir göz atın, belki maddeler tanıdık gelecektir:[78]

1. Akıllı telefon benim için gerçek dünyanın dertlerinden bir uzaklaşma yoludur.
2. Diğer insanlara tahammülüm azaldığında sosyal medyada tanıştığım kişilerle zaman geçiririm.
3. Akıllı telefon kullanımı yüzünden aile üyelerimi zaman zaman ihmal ettiğim oluyor.
4. Akıllı telefonumu kullanırken kendimi daha özgür hissederim.
5. Sosyal medyadaki kimliğimi gerçek hayattaki kimliğimden daha güçlü hissediyorum.
6. Akıllı telefonumu fazla kullandığımla ilgili bir eleştiri gelince sinirlenirim.

7. Sosyal medyadaki arkadaşlıkları gerçek hayattaki arkadaşlara tercih ederim.
8. Sosyal medya paylaşımlarımın beğenilmesi beni mutlu eder.
9. Birçok arkadaşımla telefonla konuşmak yerine WhatsApp'tan konuşuyoruz.
10. Sosyal medyada gezen *keps* ve komik videoların çoğunu bilirim.
11. Akıllı telefonumu kullanarak gerçek hayatta olmadığı kadar çok grubun içindeyim.
12. Sosyal medya toplumsal duyarlılıklarımı gerçek hayattan daha rahat ifade edebildiğim bir mecradır.
13. Sosyal medyada bir paylaşım yaptıktan sonra sık sık ne kadar beğenildiğini kontrol ederim.
14. Akıllı telefon kullanımımı azaltmak istesem de bunu başaramıyorum.
15. Akıllı telefonumun şarjının bitmesi beni strese sokar.
16. Araba kullanırken ara sıra telefonuma göz atarım.
17. Tuvalete giderken akıllı telefonumu yanıma alırım.
18. Her gece yatağıma yattığımda uykudan önce telefonumla ilgilenirim.
19. Sabah uyanır uyanmaz ilk iş elim telefona gider (alarmı kapatmak dahil).

Evetlerin sayısı çoksa akıllı telefon kullanımına yüklediğiniz anlamlarla ilgili bir gözden geçirmenin yapılması gerekebilir. Bu gözden geçirmenin ana sorusu şu olmalı: Akıllı telefonum beni gerçek dünyadan koparıyor mu?

Gerçek yaşamın sıkıntılarını hafifletmek ya da unutmak için kendinizi sıklıkla akıllı telefonunuzun ekranına bakarken buluyorsanız, yanlış mecrada mücadele ediyorsunuz demektir. O ekranın verdiği geçici haz, gündelik sorunlarımızı çözmediği gibi, ihmalkarlık nedeniyle artırabilir de. Çeşitli çalışmalarda akıllı telefonumuzu problemli kullanıp kullanmadığımızı ölçmeyi hedefleyen bazı araçlardan seçtiğimiz maddeler aşağıdaki tabloda verilmiştir.[79] Yine bu tablodaki maddelere göz atıp, şayet verdiğiniz cevaplarda "evet"ler fazla ise akıllı telefonunuzla ilişkinizi tekrar gözden geçirmeyi düşünmeniz gerekebilir.

Nomofobik Olabilir miyim?

İngilizce "no mobile phobia"dan türetilen kelime, akıllı telefondan mahrum kalma korkusu olarak tanımlanıyor.[80] Cep telefonları ile "yılan" (*snake*) oynayıp hiç durmadan sms yazan başparmak nesli şimdi yeni sorunlarla on parmak akıllı telefon kullanımına geçti. Nedeni açık: Bizi mutlu eden tüm haberleri ve aktivitelerle ilgili bilgileri telefondan alıyoruz. Oyun oynamak, sosyal medyayı kullanmak, WhatsApp grupları, telefon konuşmaları, mesajlar; bizi heyecanlandıran, mutlu eden her şey orada sanki. Şu anda bunu okurken telefonunuz eminim ki elinizin ulaşabileceği bir yerde.

Teknolojideki gelişmeleri ve sosyal medya etkinliklerini oldukça sık takip etme eğiliminde olan öğrencilerin nomofobisi olup olmadığını anlamak için öğrenme süreçlerindeki motivasyon kaybına, akademik başarılarına ve uyku düzensizliklerine

Telefonumu Sorunlu Kullandığımı Nasıl Anlarım?

Bağımlılık tanısından şüphelenen okuyucuların bir devlet ya da üniversite hastanesinin psikiyatri polikliniğine başvurmasını önermekteyiz.

Tablo 1. **Sorunlu Akıllı Telefon Kullanımı Ölçekleri**

		Evet	Hayır
1.	Akıllı telefonumun şarjı bittiğinde kendimi huzursuz hissederim.		
2.	Akıllı telefonum olmadığında kendimi güvende hissetmem.		
3.	Akıllı telefonum yanımda olmadığında huysuz hissederim.		
4.	Akıllı telefonum yanımda olmadan uyuyamam.		
5.	Akıllı telefon kullanımımdan dolayı planladığım işleri yetiştiremem.		
6.	Akıllı telefonumla ilgilenmekten dolayı uyku sorunları yaşarım.		
7.	Akıllı telefon kullanımımdan dolayı derslere ya da işlerime odaklanmakta zorlanırım.		
8.	Akıllı telefon kullanımım çevremdeki yakın insanlara daha az vakit ayırmama neden olur.		
9.	Çevremdeki insanlar akıllı telefonumu fazla kullandığım konusunda beni uyarırlar.		
10.	Akıllı telefonumu elimden bırakmak konusunda kendime hakim olamıyorum.		
11.	Akıllı telefonumu planladığımdan çok daha fazla kullanırım.		
12.	Kendimi sürekli akıllı telefonumu kontrol ederken buluyorum.		
13.	Akıllı telefonumu kullanırken zaman su gibi akıp geçiyor.		
14.	Uyandığımda ilk yaptığım şey akıllı telefonumu kontrol etmek olur.		
15.	Akıllı telefonumu elimden bıraktıktan hemen sonra tekrar kullanmak istiyorum.		
16.	Çevremdeki insanlarla ilgilenmek yerine akıllı telefonumla ilgilenmeyi tercih ederim.		
17.	Akıllı telefonumu kullanmak için insanlardan uzaklaşmayı onlarla beraber olmaya tercih ederim.		
18.	Arkadaşlıklarımı gerçek yaşamda sürdürmek yerine, cep telefonuyla sürdürmeyi yeğlerim.		

*Yoksunluk: 1-4, Olumsuz sonuçlar: 5-9, Kontrol problemi: 10-15, Etkileşimden kaçınma: 16-18 bakabiliriz.[81] Çünkü ders ve uyku esnasında telefondan uzak kalmak zorunda oldukları için zihin daha yoğun bir telefonsuzluk korkusuyla meşgul olup performansını düşürebilir.

Çevrimiçi Kumar Bağımlılığı

Geçmişten günümüze farklı çeşitlerde karşımıza çıkan kumar oyunlarının, internet erişiminin kolaylaşmasıyla birlikte çevrimiçi platformlarda da kendine yer bulduğunu görüyoruz. Oynanma sıklığı artan çevrimiçi kumarda; para ve para değerinde şeyler kazanmak temel istek olup bu paranın görülmeden alınıp verilmesi kayıp durumlarında olayın ciddiyetinin anlaşılmasını da zorlaştırabilir. Daha çok, genç veya yetişkin erkeklerde görülen bu bağımlılık türünde, yatırılan para oranı arttıkça alınan doyum da artar. Kazanmaya ramak kala kaybetmiş olmanın "bir dahaki sefere kesin kazanacağım" düşüncesine yöneltmesiyle de bağımlılık tetiklenebilir. Süreç ilerledikçe kaybedilen parayı geri getirebilme çabasının kişileri yasal olmayan yollara itebileceğini de ekleyebiliriz.

Şayet zihniniz gün boyu online kumarda ise, kayıplarınızı hep bir bahaneyle geçiştiriyorsanız, çevreden bu durumla ilgili gelen uyarılara öfkeleniyorsanız, kumar aile ilişkilerinize zarar veriyor, kumarın mantığını çözdüğünüzü ve bu konuda çok iyi olduğunuzu düşünüyorsanız bir uzmandan destek almayı düşünebilirsiniz.

Dijital Oyun Bağımlılığı

Özellikle gençlere hitap eden dijital oyunlarda bağımlılıktan bahsederken oyuna ne kadar süre ayrıldığı, bu sürede günlük hayatla bağın ne derece koptuğu önemli etkenlerdendir.

Teknoloji Kullanımının Sınırlandırılmasında Ebeveynlere Öneriler[82]

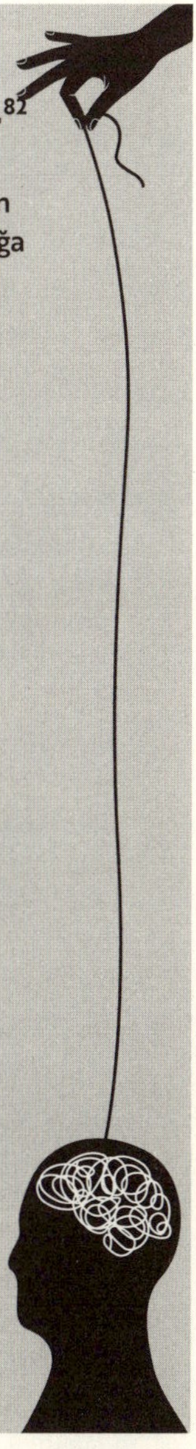

1) Akıllı telefon, internet ve sosyal medyanın hayatımızın vazgeçilmez parçaları olduğunu kabul edin ve yeni çağa ayak uydurmaya bakın.
2) Çocuğunuza akıllı telefon, tablet veya bilgisayar aldığınızda bu cihazları ve sosyal medya platformlarını nasıl kullanmaları gerektiği hakkında onları bilgilendirin ve çocuğunuzla birlikte bu cihazların kullanımıyla ilgili detaylı kuralların bir kontratını oluşturun. Örneğin, yemek masasında telefonların bulunmaması, ders çalışırken telefonlarını yanlarına almamaları gerektiğini söyleyin.
3) Koyulan kurallar çocuklara aktarılırken nedenleri gayet iyi açıklanmalı ve ikna edilene kadar üzerinde istişare edilmelidir. (Çocukların sizi ikna etmesi ihtimali de kabul edilmelidir.)
4) Kural ihlali durumunda uygulanacak –akıllı telefonlarını serbest kullanma vakitlerinin kısalması gibi– cezaları da birlikte belirleyin. Kurallara uyma konusunda model olun. Şayet çocuğunuz yemek masasına telefonunu getiremiyorsa siz de yanınıza almayın.
5) Uyku vaktinden belli bir süre önce akıllı telefonları üzerinden kurdukları iletişimlerini sonlandırmaları gerektiğini bildirin. Unutmayın, geceleri akıllı telefonlarla yatmak ve sabah uyanır uyanmaz ilk iş olarak akıllı telefondan gelen bildirimleri kontrol etmek sorunlu akıllı telefon kullanımı belirtileridir. Kurala siz de uyun.

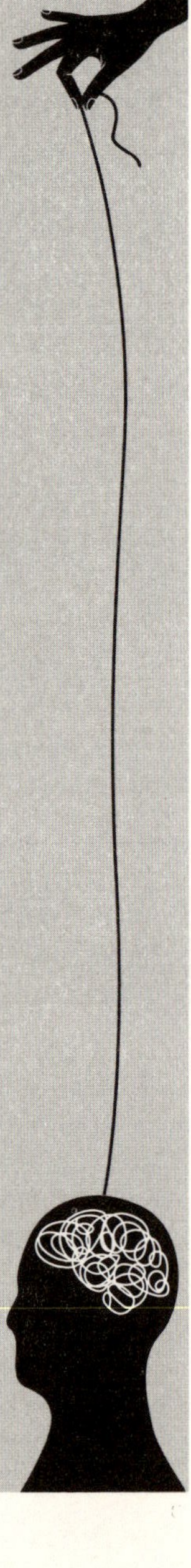

6) Onlara mahremiyet eğitimi verin. Çocuğunuza sosyal medya platformlarında paylaştıkları tüm video ve fotoğrafların hızla yayılabileceğini, bu görselleri kaldırmak istediklerinde artık pek çok kişi tarafından kopyalanmış olabileceğini ve ileride onlara karşı kullanılabileceğini, bu sebeple onlara yapacakları paylaşımlardan önce iyi düşünmeleri gerektiğini bildirin. Örneğin, sosyal medya hesaplarından ev konumunu bildirmenin yaratacağı güvenlik sorunlarından bahsedin.

8) Ebeveynler akıllı telefon ve sosyal medyayı zaman zaman çocukları ile beraber kullanmalı ve bu süreçte gereksiz eleştirilerden kaçınmalıdır. Çocuklarınıza sanal platformlarda deneyimleyebilecekleri olumlu olumsuz tüm olayları sizinle paylaşabileceklerini söyleyin ve sosyal medya hesaplarını yönetmede fikir alışverişine açık olduğunuzu belli edin.

9) Sorunlu akıllı telefon kullanımı sonucunda çocuklarda oluşabilecek uykusuzluk, dikkat eksikliği, okula gidememe, korku, agresyon belirtilerinin farkına varmak ve doğru yerden yardım aramak için bilgilenin.

10) Sosyal medya dışında ailece ortak aktiviteler yapın ve hep beraber doğada bolca zaman geçirin.

12) Kullanım süreleri bir ödül ceza sistemi içinde ele alınacaksa bunu en azından içerikten bağımsız düşünmeyin. Sorun ne kadar kullandığı değil, nasıl ve ne amaçla kullandığı ile ilgilidir.

13) Bilgi sahibi olma sürecine dilden başlanabilir (LOL : Laugh out loud, KİB: Kendine iyi bak, AS: Aleykümselam, TB: Throw back, vesaire.)

14) Tüm bunları yaparken bile çocukların kişisel alanına saygı göstermeyi unutmayın.

Kişilerin streslerini atmalarında, heyecan/haz arayışlarınının karşılanmasında, akranları arasına kabul edilmelerinde ve onlarla iletişimlerinde dijital oyunlar önemli bir yer tutar. Her şeyde olduğu gibi bu konuda da aşırıya kaçmanın ucu bağımlılığa varabilir. Dijital oyun bağımlılığı dolayısıyla ekran karşısında fazla vakit geçirme; sosyal ilişkilerde problemler, sosyal işlevsellikte azalma, odaya kapanma, satın almalar ile gelen maddi kayıplar, kötü amaçlı insanlarla kolay temas, görme sorunları, kas-iskelet sistemi problemleri, yeme bozuklukları gibi durumlara yol açabilir. Bu durumlarla birlikte günlük rutinde, mesleki, akademik, kişilerarası ilişkilerde ve daha birçok alanda sorunlar oluşabilir.

İnternet Bağımlılığı

Teknoloji çağında internet, hayatımıza inanılmaz kolaylıklar sunarken diğer yandan burada fazla vakit geçirmek internet bağımlılığına sebep olabilir. İnternetin, diğer çevrimiçi bağımlılıklar (oyun, alışveriş, kumar...) için ortam hazırlayıcı olmasından daha kapsayıcı bir bağımlılık ürettiğini söylemek de yanlış olmayacaktır. Bazılarımız oyun, kumar gibi internetin aracı olduğu kısma bağımlılık geliştirirken bazılarımız da sadece internette olma, çevrimiçi bulunma haline bağımlılık geliştirebilmektedir. Örneğin bildirimleri sürekli açık olan ya da internet paketi bittiğinde üzülen ve bunu ciddi anlamda sorun olarak gören kişilere rastlamak güç değildir. Bu duruma günümüzde herkeste rastlayabilme ihtimalimiz olsa da gençlerin, özellikle ergenlerin daha fazla yatkınlıkları olduğunu söyleyebiliriz.

Hayalet Titreşim Sendromu

Cebinizdeki telefon çalmadığı veya titremediği halde öyleymiş gibi hissettiğiniz oldu mu? Bu yanılgılara hayalet titreşim sendromu adı verilir. Telefonu fazla kullanma ile ilişkili olabilecek bu durumu yaşayan kişiler sürekli telefona bakma, kontrol etme gibi ihtiyaçlar hissederler.[83]

Partner Şiddetine Maruz Kaldığınızı Gösteren İşaretler

En önemli gösterge partnerinizden korkuyor olmanızdır. Düşündüklerinizi söylemekten, herhangi bir talepte bulunmaktan, duygu ifadelerinden ve ilişkiye girmeye hayır demekten korkuyor olabilirsiniz. Sebep ne olursa olsun, sağlıklı bir ilişkide korkunun yeri yoktur. Taciz ya da istismara uğramış gibi hissediyorsanız, uğramış olma ihtimaliniz yüksektir ve yardım almanız gerekebilir. Bunun hakkında düşünürken şunları da aklınızda bulundurun:

Size zorbalık ediyor olabilir:

- Sana ne giyeceğini ve nasıl görünmen gerektiğini söylüyor mu?
- Herhangi bir temeli olmayan uydurma senaryolara bağlı yoğun kıskançlık yapıyor mu?
- Kızdığında bağırıp bir şeyler fırlatıp sonrasında yoğun pişmanlık yaşıyor mu?
- Sana bağırıp kendini küçük hissettiriyor mu?
- Seni ya da bir yakınını öldürmekle tehdit ediyor mu?

Paranız üzerinden kontrol kuruyor olabilir:

- Nakit parayı saklayıp, kredi kartı ile harcamalarınızı kontrol ediyor mu?
- Size bir harçlık verip yaptığınız her harcamanın açıklamasını istiyor mu?
- Özel ihtiyaçlarınız için özgür alışveriş yapmanızı kısıtlıyor mu?

Sizi aileniz ve arkadaşlarınızdan uzaklaştırıyor olabilir:

- Nereye kiminle gittiğinizi detaylı takip ediyor mu?
- Gittiğiniz yerlere aniden çıkıp geliyor mu?
- Arkadaşlarınızı ve ailenizi kötüleyip gözünüzde değersizleştirmeye çalışıyor mu?
- Diğerlerinin önünde sizi suçlayıp, insanlardan kaçınmak istemenize neden oluyor mu?
- Aile ve arkadaşlarınızla görüşürken izin alma zorunluluğunuz var mı?

Partner Şiddeti

Partner şiddetine maruz kalmanın psikolojik etkileri ağır olabilir:

- Travma sonrası stres bozukluğu
- Özsaygıda azalma ve çaresizlik hissi
- Korku ve umutsuzluk duyguları
- Diğerlerine karşı güvensizlik hissi ve yalnızlık
- Kaçınma, dissosiyasyon (kişilik bölünmesi) ve bellek sıkıntıları
- Aşırı alkol ve madde kullanarak unutma çabası

Kadına Yönelik Cinsel Şiddet

Türkiye'de her 100 kadından 15'i cinsel şiddet görmektedir.[84] Bunu yaşamasına rağmen adını koyamadığı için yardım alamayan kadınlar olduğu için, bu oranın, istatistiğe yansıyanlardan daha fazla olabileceği de bir gerçektir. Bu nedenle cinsel şiddetin ne anlama geldiğini bilmek süreci erken durdurmak için kritiktir. Bu konuda Dünya Sağlık Örgütü raporlarından hareketle sıkça yanlış bilinen konuları bir tabloda bir araya getirmek mümkündür:[85]

Cinsel şiddet, cinselliğin bir şiddet aracı olarak, sindirme, tehdit ve manipülasyon amacı ile kullanılmasıdır. Aşırı kıskançlık ve şüphecilik, açık ya da kapalı şekilde kadının cinsel olarak aldatılması, kaba kuvvet uygulayarak ya da duygusal baskılarla cinsel ilişkiye girmek, tecavüz etmek ve fuhuşa zorlamak cinsel şiddetin bazı şekilleridir.[86]

Bunların yanı sıra, kadınların zorla veya çok erken yaşlarda evlendirilmesi, ensest, kadını çok çocuk doğurmaya veya kürtaja zorlamak, tecavüz sonucu evlilik ve evlilik içi tecavüz kadına yönelik diğer cinsel şiddet örnekleridir.[87] Amacı cinsellik olmasa dahi, kadının istemi dışında maruz kaldığı her türlü cinsel içerikli küfür ve eylem de cinsel şiddettir.[88] Alkol veya belli ilaçların etkisi altındayken kontrolünü kaybetmiş bir kadına uygulanan cinsel içerikli yaklaşımlar da cinsel şiddet içine girer. Madde etkisi altındaki kadın kontrolünü kaybetmiş olduğu için rızası ya da isteği olduğu düşünülemez.[89]

Kadının Statüsü Genel Müdürlüğü tarafından gerçekleştirilen araştırmada,[90] Türkiye'de kadınların %39'unun fiziksel, %15'inin cinsel şiddet yaşadığı ve %42'sinin ise bu iki tür şiddetten en az bir tanesini deneyimlediği rapor edilmiştir. En

YANLIŞ	DOĞRU
Saldırganlar her zaman mağdur kadının tanımadığı yabancılardır.	Tüm dünyada cinsel saldırı vakalarının yarısından fazlasında saldırganlar mağdur kadının tanıdığı kişiler oluyor.
Bir erkeğin dış görünüşünden tecavüzcü olup olmadığı anlaşılabilir.	Dış görünüşe bakarak suçlu tayin etmek olanaklı değildir çünkü fail her türlü ekonomik ve sosyal gruba bağlı olabilir.
Kadın davetkar olarak nitelendirilebilecek bir biçimde giyiniyor veya davranıyorsa tecavüzü hak eder.	Cinsel saldırı, mağdurun nasıl giyindiği ve davrandığından bağımsız olarak her durumda bir insan hakkı ihlali ve suçtur.
Mağdur kadının saldırganla daha önce duygusal ya da cinsel ilişkisi olmuşsa bu tecavüz değildir.	Kadın rıza göstermediği sürece, her türlü cinsel davranış, kadının halihazırdaki ya da eski kocası/sevgilisi olması, davranışın hak ihlali ve suç niteliğini değiştirmez.
Kadınların "hayır"ı, "belki" demektir, biraz zorlamakta sakınca yoktur.	Kadınlar hayır dediklerinde bu hayır demektir.
Eğer gerçekten tecavüz olsaydı mağdur kadın hemen şikâyet ederdi.	Kadınlar utanç, damgalanma endişesi ve saldırgandan korkma gibi sebeplerden dolayı olayın hemen sonrasında adli makamlara başvurmayabilirler.
Cinsellik isteği tecavüzün ana motivasyon kaynağıdır.	Güç arayışı, öfke, nefret, kontrol etme isteği gibi kavramlar tecavüzün ana motivasyonudur.

(World Health Organization, 2003)

yüksek şiddet oranlarına Kuzeydoğu Anadolu'da rastlanırken, Batı Marmara ve Kıyı Ege'de en düşük oranlar görülmektedir. Kuzeydoğu Anadolu Bölgesi'nde cinsel şiddet %29,5 oranında görülürken, bu oran Batı Marmara'da %8,7'dir.

Çocuk Yaşta Evlendirilme

Bazı kültürlerde ve kısmen ülkemizde, erken yaşlardaki kız çocuklarının kendilerinden oldukça büyük yaşlardaki erkeklerle evlendirilmeleri normal karşılanmaktadır. Oysaki çocuk yaşta cinsel ilişkiye zorlanma veya erken yaşta evlendirilme de bir cinsel şiddet şeklidir. Erken yaşlarda yapılan evlilikleri toplumun desteklemesi durumunda, yaşanılanlar normal olarak algılandığı için, çocuk yaştaki kadının destek bulabilmesi mümkün olmadığından şiddetin kadın üzerindeki etkisi çok daha fazla yaşanmaktadır. Erken yaşta evlendirilmeye paralel olarak çocuk yaşta gebelik de bir diğer cinsel şiddet şeklidir. Türkiye'de kadınların %26'sı 18 yaşından önce evlenmiştir ve bu evliliklerin %67'si aile kararı ile gerçekleşmiştir.[91]

Cinsel Saldırı Travma Sendromu *(Rape Trauma Syndrome)*

Burgess ve Holmstrom (1974)'ün tanımladıkları cinsel şiddet mağduru kadınlara özgü travma sonrası sendrom,[92] Dünya Sağlık Örgütü'nün 2003 yılında hazırladığı *Guidelines for Medico-legal Care for Victims of Sexual Violence* başlıklı kitapta akut ve kronik olarak iki faza ayrılarak aktarılmıştır.[93]

Akut Faz: 2-3 hafta süren bu fazda kadınlar duygularını ya çok yoğun yaşar (ağlama krizleri) ya da tamamen bastırır. Bu dönemin ana duyguları korku, öfke ve kaygıdır. Bu süreçte mağdurun, duygusal istikrarsızlık yaşaması; utanç, suçluluk, çaresizlik, nefret duyguları ve yeniden saldırıya uğrama korkuları deneyimlemesi olasıdır.

Kronik Faz: Olaydan 2-3 hafta sonra başlar. Kişi bu fazda sosyal hayatına tekrar adapte olmakta zorluk çeker. Yeni bir eve taşınmak, telefon numarasını değiştirmek ya da telefonunu kapatmak, uzun bir seyahate çıkmak gibi değişiklikler adaptasyonu zorlaştırır. Ayrıca bu durum iş ve okul performansını düşürür. Kalabalık ve yalnızlık korkuları da sosyal hayata adaptasyonu engeller.

Takıntılı aşktan kurtulun, kaçanı kovalamayın: Gerçekleşmeyen her türlü arzu ve ısrarlı istek hem zihni meşgul eder hem de yetersizlik hissi oluşturabilir. Karşılıklı olumlu duygulara dayalı sağlıklı bir ilişki nasıl yaşam kalitesini artırıyorsa, tek taraflı, takıntılı ve ısrarcı bir aşk arzusu da yaşam kalitesini o denli olumsuz etkiler.

Sağlıklı aşk; karşılıklı olumlu duyguları, bağlılığı, beraber sosyalleşmeyi ve bir birey olarak diğerinin özerkliğine saygı duymayı gerektirir. Maalesef takıntılı aşkın, patolojik bir hal olmasına rağmen, edebiyatta, müzikte, sinemada ve medyada ısrarla romantikleştirildiğine tanık olmaktayız. Ölümsüz aşk, aşkın kavuşamamak olduğu, kadının "hayır"ının "belki" olduğu gibi hatalı klişe sözler tarafından desteklendi. Şu belirtilerden hareketle kurtulmanız gereken bir takıntılı aşkın içinde olduğunuzu anlayabilirsiniz:

Takıntılı Aşk Belirtileri

- ❑ *Aşk nesnesine onun istemediği şekilde yoğun ilgi duymak*
- ❑ *Takıntılı şekilde aşk nesnesi hakkında konuşmak*
- ❑ *Aşk nesnesine sürekli mesajlar ve hediyeler göndermek*
- ❑ *Aşk nesnesine karşı bir iyi bir kötü yoğun duygular beslemek*
- ❑ *Aşk nesnesinin yaşamını ve faaliyetlerini takıntılı şekilde izleme ve kontrol etme girişimlerinin yanında yoğun stalk'lamak*
- ❑ *Reddedilme ile ilgili yoğun endişe ve duyarlılık*

NE YAPMALI?

Anladım ki psikolojim iyi değil, peki terapi için kime gitmeliyim?

Öncelik her zaman devlet hastaneleri ve devlet üniversitelerinin psikiyatri servisleri. Psikiyatri servisine gittiniz, değerlendirmeniz yapıldı, tanı koyuldu ve ilaç tedavisi başladı. Bunun yanı sıra psikoterapi almanız önerildi. Psikoterapi hizmeti almak için gideceğiniz yeri seçerken nelere dikkat etmeniz gerektiğini madde madde anlatayım:

Diploma: Bu konu çok karışık. Öncelikle regresyon terapisti, numerolog, beyin formatçısı, kişisel gelişim uzmanı, aile dizilimcisi, nefesçi, vesaire, bunlardan uzak durmalı. Bunlar meslek değildir. Hatta kartvizitinde psikoterapist ve pedagog yazıyorsa da çok dikkat edilmeli. Bunların da Türkiye'de diploması yok. Bu kişilerin asıl mesleklerini, mezun oldukları bölümü sorun. Adının önünde uzman psikolog yazması da yeterli değil. YÖK tarafından kabul edilen, yüz yüze eğitim veren, adını daha önce duyduğunuz bir üniversitenin, yılda 20'den az öğrenci alan bir klinik yüksek lisans programından mezun olduğundan emin olun.

Fiyat: Psikoterapi pahalı olmaz. Psikoterapi ticaret, danışmanlık merkezi de ticarethane değildir. Bu nedenle 50 dolardan yüksek seans ücreti etik kodlara uygun değildir.

Açıklık: Uzman size vereceği hizmeti, bu hizmetin muhtemel süresini ve terapinin hedefini size net aktarmalı. Aktarmıyorsa bilmiyordur. Bilmiyorsa zarar verir. "Canınız sıkıldıkça gelin, kapımız size her zaman açık" sözü esnaf işidir, psikoterapide olmaz.

Süre: Hızlı çözüm olmaz. Tek seansta travma, iki oturumda depresyon tedavi ettiğini öne süren kişi sahtekardır. Mesela depresyon 15-20 seans arası bir sürede tedavi edilir. Yani 4-5 ayda. Sabır önemli.

Ödevler: Uzmanın verdiği ödevlerin gerekçesi ve nasıl yapılacağı konusunda soru işaretiniz olmamalı. Uzman ödevleri kontrol etmeli ve görüşme gündeminin içinde kullanabilmelidir.

Yetkinlik: Uzman ne olursan ol gel demez. Yetkinliği ve çalışma alanları bellidir. Her türlü sorunu çözeriz diyenden uzak durun. Ya kendini bilmiyordur ya da işi.

Ulaşılabilirlik: Uzmanın çok yoğun olması ya da tüm gün tek danışanı siz olmanız alacağınız hizmeti değiştirmez. Ancak dinleyen, hatırlayan, zaman ayıran, yorgun görünmeyen, düzenli bir kişi terapi yapabilir. Araya sıkıştıran, unutan, seansa çalışmayan, dağınık biri terapi yapamaz.

Gizlilik ve mahremiyet: Terapi odasında konuşulanlar terapi odasında kalır. Bu hissi ve güveni almanız gerekir.

Kısacası diploma sorun, çok para vermeyin, sosyal medyayı referans almayın. Süre sınırı koyan, hedef odaklı, gizliliğe önem veren, dinleyen, hatırlayan, düzenli bir uzmanla çalışın.

Damgalama Riskine Önlem Almalıyız

Psikolojik sağlığı ile ilgili sorun yaşayan kişilerin karşılaştığı en tehlikeli risklerden biri damgalamaya maruz kalmaktır. O nedenle psikolojik check up yaptığımız bu kitapta damgalama kapılarını tamamen kapatmalıyız. İsterseniz önce damgalamayı tanımlayıp sonra da nasıl önlem alabileceğimizi konuşalım.

Damgalama kişinin isminin önüne koyulan bir ek nedeniyle değersizleştirilmesi, dışlanması ve statü kaybı yaşamasıdır. Bu ek bazen bir etnik köken, bazen bir engel, bazen de bir hastalık olabilir. Psikolojik sorunlardan mustarip kişiler için damgalama ve ayrımcılık riski yüksektir. Bu nedenle damgalama ile baş etmek tüm ruh sağlığı çalışanları için önemli bir gündemdir.

Psikolojik temelli damgalamalarda "tehlikeli", "ne yapacağı tahmin edilemeyen", "saldırgan" ve "suça yatkın" yaftalarına rastlanır. Genel bir değerlendirme yapıldığında psikolojik sorunları olan kişilerin bu başlıklarda toplumun diğer kesimlerinden daha farklı olmadığı görülmektedir. Aynı şey suç oranları için de böyledir. Psikolojik tedavi görmekte olan bir kişiyle diğerleri arasında suça karışma ihtimali açısından bir fark yoktur.

Damgalamanın önlenmesi için: Damgalanan kişiler moral bozukluğu, dışlanmışlık hissi, benlik saygısında azalma, işsizlik, gelir kaybı, sosyal ilişkilerde ve arkadaş bulmada zorluk gibi durumlar yaşayabilir. Bu durum sosyal hayatta yaşadıkları zorlukların yanı sıra tedavilerini de zorlaştırır.

Toplumda ruhsal hastalığa sahip insanların hastalıklarını saklamalarında önyargı, hatalı olumsuz düşünce ve bilgisizlik rol oynar. Toplumu ruhsal hastalıklar konusunda bilinçlendirmede medya önemli bir role sahip olabilir. Ruhsal hastalıklar hakkında açıklayıcı ve bilgilendirici haberler sayesinde toplumda ruhsal hastalara yapılan damgalamalar azalacaktır. Bireylerin yakın çevresinde ruhsal hastalığa sahip bireyler var ise öncelikle hastalığın ne olduğu araştırılıp öğrenilmeli, bilgi edinilmelidir. Bu durum önyargı ve bilinçsiz düşüncelerin önüne geçecektir.

Çevrenizde yaşadığı psikolojik sorunlar nedeniyle sosyalleşmekte zorluk yaşayan birine rastlarsanız ona güvenli sosyalleşebileceği bir ortam oluşturma konusunda yardımcı olabilirsiniz. Şizofreni hastalarının tehlikeli olduğunu düşünen bir işveren tanıdığınız varsa ona, işe alımda bir şizofreni hastasını tercih etmesi için, ilaçlarını rutin kullandıkları sürece diğer insanların yaptıkları işleri yapabileceklerini anlatabilirsiniz.[94] Böcek fobisinden ötürü dışarı çıkmakta zorlanan bir yakınınızı korkak olmakla suçlamak yerine endişelerini hassasiyetle dinleyerek anlamaya çalışabilirsiniz. Bu örnekleri içinde bulunduğumuz duruma uyarlayarak damgalamanın önüne geçmemiz mümkün.

Kendini Damgalamaya Dikkat: Yaşadığınız psikolojik sorunun bir suç, utanılacak ya da suçluluk duyulacak bir hata olduğunu düşünürseniz kendinizi damgalama hatasına düşmüş olursunuz. Özellikle bazı hastalıkların kendinizi suçlama hassasiyetinizi artıracağı düşünülürse buna önlem almak önem arz edecektir. Kendini damgalama; değersiz ve yük gibi hissetme ihtimallerini çoğaltabilir.[95] Psikolojik sorunlar bir suç, hata, utanılacak ya da suçluluk duyulacak bir durum değildir. Baş ağrısı ya da kulakta çınlama nasıl utanılacak bir durum gibi algılanmıyorsa, psikolojik sorunlar için de aynı şey geçerli olmalıdır.

PSİKOLOJİK YARDIM ALABİLECEĞİNİZ MERKEZLER

Şehir	Kurum Adı	İletişim Numarası
Adana	Yüreğir Belediyesi	444 80 44
	Seyhan İlçesi	153
	Dr. Ekrem Tok Ruh Sağlığı ve Hastalıkları Hastanesi	0322 247 25 62 0322 239 93 25
	Akıncılar Sağlıklı Hayat Merkezi	0322 383 21 07
	Selahattin Eyyübi Sağlıklı Hayat Merkezi	0322 671 43 92
	Kozan Sağlıklı Hayat Merkezi	0322 515 17 71
	Çukurova Sağlıklı Hayat Merkezi	0322 226 10 38 0322 228 54 24
Adıyaman	Yenimahalle Sağlıklı Hayat Merkezi	0416 216 06 01
	Kahta İlçe Sağlık Müdürlüğü	0416 725 50 80
	Besni Sağlıklı Hayat Merkezi	0416 311 08 84
Afyon	İl Sağlık Müdürlüğü	0272 214 49 39 0272 215 12 29 0272 229 19 29
Ağrı		0472 215 11 84
Amasya		0358 212 40 02
Ankara		0312 666 60 06 0312 507 34 50-51
	Sincan Sağlıklı Hayat Merkezi	0312 263 97 28
	Kaletepe Sağlıklı Hayat Merkezi	0312 346 36 04
	Çankaya Sağlıklı Hayat Merkezi	0312 475 35 00
	Gölbaşı Sağlıklı Hayat Merkezi	0312 484 83 20
	Çankaya İlçe Sağlık Müdürlüğü	0312 508 42 95
	Altındağ İlçe Sağlık Müdürlüğü	0312 508 42 67
Antalya		0242 249 50 63
Artvin	Artvin İl Sağlık Müdürlüğü	0466 212 95 16

Aydın		0256 214 29 99
	Aydın İl Sağlık Müdürlüğü	0256 213 50 00-01
Balıkesir	Altıeylül İlçesi	444 40 10
	Gönen Devlet Hastanesi	0266 762 18 28
	Edremit Sağlıklı Hayat Merkezi	0266 373 81 70
	Bandırma İlçe Sağlık Müdürlüğü	0266 715 53 09
	Ayvalık İlçe Sağlık Müdürlüğü	0266 312 39 28

Bilecik	İl Sağlık Müdürlüğü	0228 212 20 30
Bingöl		0552 696 6545
Bitlis	Bitlis Merkez Sağlıklı Hayat Merkezi	0434 226 42 42
	Tatvan Sağlıklı Hayat Merkezi	0434 826 10 94
Bolu	Bolu Sağlıklı Hayat Merkezi	0374 217 44 14
	BAİBÜ Ruh Sağlığı ve Hastalıkları Eğitim ve Araştırma Hastanesi	0374 275 11 44
	BAİBÜ Psikiyatri Uzmanı 7/24 WhatsApp Destek Hattı	0534 616 79 87
	İzzet Baysal Eğitim ve Araştırma Hastanesi	0506 892 34 77
	İzzet Baysal Devlet Hastanesi Psikososyal Destek Birimi	0374 270 45 75
Burdur	Burdur İl Sağlık Müdürlüğü	0248 235 20 89
Bursa	Bursa İl Sağlık Müdürlüğü	0224 247 68 42
		0224 716 30 67
Çanakkale		0552 913 00 40 0552 913 00 41 0552 913 00 42
	Çanakkale İl Sağlık Müdürlüğü	0286 217 57 91
Çankırı	Çankırı Sağlıklı Hayat Merkezi	0376 213 76 94
Çorum		0364 219 55 00
Denizli	Pamukkale	0296 96 96 444 9 220
	Denizli İl Sağlık Müdürlüğü	0258 242 61 95
Diyarbakır		444 89 21
Edirne	Selimiye Sağlıklı Hayat Merkezi	0284 214 30 08

Elazığ	Elazığ 1 Nolu Sağlıklı Hayat Merkezi	0424 248 19 24
Erzincan	Erzincan Sağlıklı Hayat Merkezi	0446 224 10 69
Erzurum	Erzurum İl Sağlık Müdürlüğü	0442 238 51 04
Eskişehir	Odunpazarı 2 Nolu Sağlıklı Hayat Merkezi	0222 220 22 91
Gaziantep		322 45 70
	Gaziantep İl Sağlık Müdürlüğü	0342 220 05 05 0342 517 52 58
Giresun	Giresun İl Sağlık Müdürlüğü	0454 260 20 00
	Giresun Belediyesi Kadın Danışma Merkezi	444 4 028
Gümüşhane	Gümüşhane Merkez	0535 685 91 46
	Torul Psikososyal Destek Hattı	0535 685 91 46
	Kürtül Psikososyal Destek Hattı	0535 685 91 46
	Kelkit Psikososyal Destek Hattı	0533 898 91 46
	Şiran Psikososyal Destek Hattı	0534 512 91 46
	Köse Psikososyal Destek Hattı	0534 512 91 46
Hakkari	Hakkari İl Sağlık Müdürlüğü	0438 211 58 04
	Yüksekova Psikososyal Destek Hattı	0438 351 40 47
Hatay	Hatay İl Sağlık Müdürlüğü	0326 216 00 46
	Samandağ Belediyesi Psikolojik Danışmanlık ve Yaşam Merkezi	0326 512 10 07
Isparta	Isparta 1 Nolu Sağlıklı Hayat Merkezi	0246 232 23 40 41
Mersin	Mersin İl Sağlık Müdürlüğü	0324 233 53 05
	Erdemli Sağlıklı Hayat Merkezi	0324 516 22 68
	Toroslar Sağlıklı Hayat Merkezi	0324 233 55 52
	Mezetli Sağlıklı Hayat Merkezi	0324 359 32 40
	Tarsus Sağlıklı Hayat Merkezi	0324 625 93 44
	Mezitli Belediyesi Kadın ve Çocuk Danışma Merkezi	444 21 99
	Mersin Büyükşehir Belediyesi Aile Danışma Birimi Çocuk Danışma Merkezi	0324 232 00 72
Mersin	Mersin Büyükşehir Belediyesi Telefonla ve Online Terapi Randevu Hatları	0537 303 35 15 0538 682 77 59

Şiddete Maruz Kalındığında Neler Yapılabilir?

Kadına ve Aile Bireylerine Yönelik Şiddet nedir?

Çocuk, eş, eski eş, yakın akrabalar gibi aile bireyleri arasında gerçekleşen; bireyin, fiziksel, cinsel, ekonomik veya psikolojik zarar görmesiyle veya acı çekmesiyle sonuçlanan veya sonuçlanması muhtemel hareketleri, buna yönelik tehdit ve baskıyı ya da özgürlüğün keyfî engellenmesini de içeren, toplumsal veya özel alanda meydana gelen, fiziksel, cinsel, psikolojik, sözlü veya ekonomik her türlü tutum ve davranıştır.

Şiddete maruz kalındığında ya da risk altındayken başvurulabilecek kurum ve kuruluşlar:

Şikâyet ve İhbar İçin:

- Valilik - Kaymakamlık
- Polis Merkezi
- Jandarma Karakolu
- Adli Makamlar (Cumhuriyet Başsavcılığı ve Aile Mahkemeleri)
- Aile, Çalışma ve Sosyal Hizmetler İl Müdürlükleri
- Şiddet Önleme ve İzleme Merkezleri
- Sağlık Kuruluşları
- Acil telefon hatları
- ALO 155 Polis İmdat,
- ALO 156 Jandarma İmdat
- ALO 183 Sosyal Destek Hattı (7 Gün 24 Saat Ücretsiz Hizmet Verir)
- 112 ACİL Çağrı Merkezi
- Gelincik Hattı 444 43 06
- Şiddet İhbar Mobil Uygulaması
- Kadın Destek Sistemi (KADES)

Tedavi ve şiddeti belgeleyen sağlık raporu için:

- Sağlık Kuruluşları

Danışma, destek, sığınma evi/konukevi ve maddi yardım için:

- Aile, Çalışma ve Sosyal Hizmetler İl Müdürlüğü (Konukevi Hizmeti, Destek ve Danışmanlık)
- Şiddet Önleme ve İzleme Merkezleri
- Sosyal Hizmet Merkezleri
- ALO 183 Sosyal Destek Hattı (7 Gün 24 Saat Ücretsiz Hizmet Verir)
- Sivil Toplum Örgütleri Sığınma Evi/Konukevi Hizmeti, Destek ve Danışmanlık, Ayni-Maddi Yardım
- Barolar ve Baroya Bağlı Kadın Hakları Merkezleri
- Belediyeler (Sığınma Evi/Konukevi Hizmeti, Destek ve Danışmanlık, Ayni-Maddi Yardım)
- Valilik, Kaymakamlık
- ALO 144 Sosyal Yardım Hattı

6284 sayılı Ailenin Korunması ve Kadına Karşı Şiddetin Önlenmesine Dair Kanun nedir, nasıl yararlanılır?

- Bu Kanunun amacı kadınları, çocukları, aile bireylerini ve tek taraflı ısrarlı takip mağdurlarını şiddete karşı korumaktır.

Bu Yasa'nın Korumasından Kimler Yararlanabilir?

- Aile içi şiddete maruz kalan eş ve çocuklar ile aynı çatı altında yaşayan diğer aile bireyleri (akrabalar).
- Tek taraflı ısrarlı takip mağdurları.
- Mahkemece ayrılık kararı verilen veya yasal olarak ayrı yaşama hakkı olan ya da evli olmalarına rağmen fiilen ayrı yaşayan aile bireyleri.

Kimler şikâyet ve ihbar başvurusunda bulunabilir?

- Şiddete uğrayan kişi
- Diğer kişiler (aynı evde oturan bir kişi, kardeş, çocuk, akraba ya da şiddeti gören, duyan, tanık olan herhangi bir kişi, örneğin komşu, öğretmen, doktor v.b.).

Başvuru yerleri nerelerdir?

- Valilik-Kaymakamlık, Polis Merkezi, Jandarma Karakolu, Cumhuriyet Başsavcılığı veya Aile Mahkemesi Hâkimliği.

Başvururken ne kadar masraf ödenir?

- Adli yardımdan faydalanmak için talepte bulunulması halinde 6284 sayılı Ailenin Korunması ve Kadına Karşı Şiddetin Önlenmesine Dair Kanun kapsamında yapılan işlemler için hiçbir masraf alınmamaktadır.

Kanun kapsamında şiddet mağduru ile ilgili olarak verilebilecek tedbir kararları nelerdir?

- Hâkim; korunan kişinin işyerinin değiştirilmesine, korunan kişinin evli olması hâlinde müşterek yerleşim yerinden ayrı bir yerleşim yeri belirlenmesine karar verebilir.
- Hayati tehlike bulunması halinde, şiddet mağduru geçici koruma altına alınabilir.
- Vali ve Kaymakam korunan kişinin çalışma yaşamına katılımını desteklemek amacıyla çocukları için kreş imkânı sağlayabilir.
- Türk Medeni Kanunundaki şartların varlığı halinde ve talep üzerine tapu kütüğüne aile konutu şerhi konulabilir.
- Hâkim; şiddet mağdurunun aydınlatılmış rızasına dayanarak kimlik ve ilgili diğer bilgi ve belgelerinin değiştirilmesine hükmedebilir.
- Şiddet mağdurunun barınma talebi olması halinde, mülki amir veya gecikmesinde sakınca olan hallerde kolluk kuvvetleri şiddet mağduru ve çocuklarına uygun barınma yeri sağlar.
- Vali ve Kaymakam gerekli gördüğü hallerde şiddet mağduruna maddi yardım yapılmasına geçici bir süre için karar verebilir.

Kanun kapsamında şiddet uygulayan/uygulama ihtimali bulunan kişi ile ilgili olarak verilebilecek tedbir kararları nelerdir?

- Hâkim tarafından şiddet uygulayanın, korunan kişiye karşı şiddet tehdidi, hakaret, aşağılama veya küçük düşürmeyi içeren söz ve davranışlarda bulunmamasına ve iletişim araçları ile veya sair surette rahatsız etmemesine karar verilebilir.
- Hâkim, şiddet uygulayan ya da uygulama ihtimali bulunan kişinin; ortak yaşam alanından uzaklaştırılmasına, korunan kişilerin bulunduğu konut, okul ve işyerine yaklaşmamasına yönelik karar verebilir.

- Çocuklarla kişisel ilişki kurulmasına, kişisel ilişkinin refakatçi eşliğinde yapılmasına, kişisel ilişkinin sınırlanmasına ya da tümüyle kaldırılmasına yönelik karar Hâkim tarafından verilebilir.
- Şiddet uygulayanın Hâkim tarafından verilen karar doğrultusunda silah veya benzeri araçlarını kolluk kuvvetlerine teslim etmesi sağlanır. Silah taşıması zorunlu olan bir kamu görevi ifa etse bile bu görevi nedeniyle zimmetinde bulunan silahı kurumuna teslim etmesine de karar verilebilir.
- Mülki amir veya Hâkim şiddet uygulayan ya da uygulama ihtimali bulunan kişinin bir sağlık kuruluşunda muayene veya tedavisinin sağlanmasına yönelik tedbirlere hükmedebilir.
- Sayılan tedbirlerin yanı sıra şiddet gören lehine nafaka ödeme yükümlülüğü getirilebilir.

Tedbir kararının süresi ne kadardır?

- Tedbir kararı ilk defasında en fazla altı ay için verilebilir. Süre devam ederken veya süre bittikten sonra şiddet tekrar ederse, yeniden tedbir kararı alınması için başvuru yapmak mümkündür.

Tedbir kararına uyulup uyulmadığı nasıl denetlenir?

- Tedbir kararının uygulanması kolluk kuvvetleri (polis veya jandarma) aracılığı ile izlenir. Kolluk kuvvetleri bu çerçevede, şiddet mağduru ve beraberindeki çocuklarının bulunduğu evi haftada bir kez ziyaret eder, şiddet mağdurunun birinci derecedeki yakınları ile iletişim kurar, komşuların bilgisine başvurur, ikamet edilen mahallenin muhtarlığından bilgi alır ve evin çevresinde araştırma yapar. Tedbir kararlarının uygulanmasının izlenmesinde Hâkim kararı ile teknik araç ve yöntemler de kullanılabilir.

Tedbir kararına uyulmaması durumunda ne olur?

- Şiddet uygulayan ya da uygulama ihtimali bulunan kişi, hükmedilen tedbir kararlarını ihlal etmesi durumunda üç günden on güne kadar zorlama hapsi ile cezalandırılabilir. Tedbir kararının gereklerine aykırılığın her tekrarında, zorlama hapsinin süresi on beş günden otuz güne kadardır. Söz konusu ceza paraya çevrilemez, ertelenemez.

Şiddet uygulamış olan kişi için evden uzaklaştırma kararı alındığında şiddet mağduru geçimini nasıl sağlar?

- Şiddet uygulayan kişinin evden uzaklaştırıldığı süre boyunca şiddet mağdurunun, kendisi ve çocuklarının geçimini sağlamak için nafaka ödemesini istemesi mümkündür. Ayrıca, şiddet mağdurunun ihtiyacının varlığının tespiti ve eşten nafaka alınamaması halinde Sosyal Yardımlaşma ve Dayanışma Vakıflarına başvurulması mümkündür.

Şiddet Önleme ve İzleme Merkezinde sunulacak hizmetler nelerdir?

- Kanun kapsamında kurulan Şiddet Önleme ve İzleme Merkezleri, şiddetin önlenmesi ve tedbir kararlarının izlenmesine yönelik, şiddet mağduru kişiler ile şiddet uygulayan/uygulama ihtimali bulunan kişilere yönelik hizmetler yürütür.
- Şiddet Önleme ve İzleme Merkezlerinde şiddet mağdurlarına psikolojik, meslekî, hukukî ve sosyal alanda rehberlik ve danışmanlık hizmeti verilir.
- Şiddet Önleme ve İzleme Merkezleri 7 gün 24 saat esasıyla çalışır.

Güvenli bir yerde barınmaya yönelik hizmet bulunmakta mıdır?

- Kadın Konukevleri, şiddete uğrayan veya risk altındaki kadınların varsa beraberlerindeki çocukları ile birlikte, geçici süre ile barınma ihtiyacını karşılamaktadır. Ülkemizde bu hizmeti başta Aile, Çalışma ve Sosyal Hizmetler Bakanlığımıza bağlı kadın konukevleri olmak üzere, Belediyeler ve sivil toplum kuruluşları yürütmektedir.
- Kadın konukevlerinde; güvenli barınmanın yanı sıra, kadın ve çocuklara doğrudan ya da ilgili kuruluşlara yönlendirmek suretiyle güvenlik, danışmanlık, psikolojik destek, hukuki destek, tıbbi destek, eğitim desteği, harçlık, kreş, mesleki eğitim kursu vb. alanlarda destek sunulmaktadır.

Kadın konukevlerinde ne kadar süre ile kalınabilmektedir? Çocuklar da anneleri ile kalabilirler mi?

- Kuruluşta kalma süresi altı aydır. Gerektiğinde kalma süreleri uzatılmaktadır.
- 0-18 yaş arasında kız ve 0-12 yaş arasındaki erkek çocuklar anneleriyle birlikte kadın konukevinde kalabilirler. 12 yaşın üstündeki erkek çocuklar ise gerekli değerlendirmenin yapılmasının ardından Çocuk Hizmetleri Genel Müdürlüğüne bağlı kuruluşlara yerleştirilmektedir.

Kadın konukevinde ne tür hizmetler verilmektedir?

- Kadın konukevlerinde güvenli barınmanın yanı sıra, kadın ve çocuklara doğrudan ya da ilgili kuruluşlara yönlendirmek suretiyle güvenlik, danışmanlık, psikolojik destek, hukuki destek, tıbbi destek, eğitim desteği, harçlık, kreş, mesleki eğitim kursu vb. alanlarda destek sunulmaktadır.

Adli yardım nedir, neyi amaçlar?

- Bir avukata ihtiyaç duyulmasıyla birlikte avukatlık ücretini karşılama olanağı bulunmaması halinde, bulunulan yerdeki Baro ücretsiz avukat atar.
- Avukat yasal hakları konusunda kişiyi bilgilendirir ve yasal işlemlerini onun adına yapar.
- Ancak adli yardımdan yararlanabilmek için kişinin ekonomik durumunun iyi olmadığını kanıtlaması gerekmektedir.

https://www.aile.gov.tr/ksgm/siddete-maruz-kalindiginda/

Kaynakça

1 Maslach, C. (1982). Burnout-the cost of caring. Englewood cliffs. NJ: Prentice Hall.

2 Maslach, C. ve Jackson, S.E. (1981). The measurement of experienced burnout. Journal of Occupational Behavior, 2, 99-113.

3 Maslach, C. ve Leiter, M.P. (1997). The truth about burnout: How organizations cause personal stress and what to do about it. San Francisco: Jossey Bass.

4 Maslach, C., Schaufeli, W.B., ve Leiter, M.P. (2001). Job burnout. Annual Reviews of Psychology, 52, 397-422.

5 Mazur, P. J. ve Lynch, M. D. (1989). Differential impact of administrative, organizational and personality factors on teacher burnout. Teaching and Teacher Education, 5(4), 337-353.

6 Frost, R. O., Marten, P., Lahart, C. and Rosenblate, R. (1990). The dimentional of perfectionism. The Cognitive Therapy and Research, 14(5), 449-468.

7 Solomon, L. J., & Rothblum, E. D. (1984). Academic Procrastination: Frequency and Cognitive-Behavioral Correlates. Journal of Counseling Psychology, 31(4), 503-509.

8 Teo, Alan R. MD; Gaw, Albert C. MD Hikikomori, a Japanese Culture-Bound Syndrome of Social Withdrawal?, The Journal of Nervous and Mental Disease: June 2010 - Volume 198 - Issue 6 - p 444-449 doi: 10.1097/NMD.0b013e3181e086b1

9 Carr CP, Martins CM, Stingel AM ve ark. (2013) The role of early life stress in adult psychiatric disorders: a systematic review according to childhood trauma subtypes. J Nerv Ment Dis 201:1007-20.

10 Kulaksızoğlu, A. (2001) Ergenlik Psikolojisi. 4. Baskı, İstanbul, Remzi Kitabevi.

11 Topbaş, M. (2004) İnsanlığın büyük bir ayıbı: Çocuk istismarı. TSK Koruyucu Hekimlik Bülteni 3:76-80.

12 Shull, JR. (1999) Emotional and psychological child abuse: Notes on discourse, history, and change. Stanford Law Review 51:1665-701.

13 Aral, G. (2001) Çocuk hakları çerçevesinde çocuk ihmal ve istismarı. Milli Eğitim Dergisi 151:36-9.

14 Dereboy, ÇG. Şahin DE, Şakiroğlu M,Şafak ÖC (2018). Çocukluk çağı travmalarının, kimlik gelişimi, duygu düzenleme güçlüğü ve psikopatoloji ile ilişkisi. Turk Psikiyatri Dergisi, 29(4), 269-278., Doi: 10.5080/u20463 (Yayın No:4622155)

15 Foa, E. B., Cashman, L., Jaycox, L., & Perry, K. (1997). The validation of a self-report measure of posttraumatic stress disorder: The Posttraumatic Diagnostic Scale. *Psychological Assessment*, 9(4), 445–451.

16 Bradley, R. H., Whiteside, L. Munford, D. J., Casey, P. H., Kelleher, K. J. ve Pope, S. K. (1994). Early indications of resilience and their relation to experiences in the home environments of low birthweight, premature children living in poverty. *Child Development*, 65(2), 346-360.

17 Masten, A. S., Morison, P., Pellegrini, D. ve Tellegen, A. (1990). Competence under stress: risk and protective factors. (Ed: J. Rolf, A. S. Masten, D. Cicchetti, K. H. Nuechterlein ve S. Weintraub) *Risk and protective factors in the development of psychopathology. New York: Cambridge University Press.*

18 Tiet, Q. Q., Bird, H., Davies, M., Hoven, C., Cohen, P., Jensen, P. ve Goodman, S. (1998). Adverse life events and resilience. *Journal of the American Academy of Child and Adolescent Psychiatry*, 37, 1191-1200.

19 Masten, A. S., Hubbard, J. J., Gest, S. D., Tellegen, A., Garmezy, N. ve Ramirez, M. (1999). Competence in the context of adversity: Pathways to resilience and maladaptation from childhood to late adolescence, *Development and Psychopathology*, 11, 143-169.

20 McCubbin, M., Balling, K., Possin, P., Frierdich, S. ve Bryne, B. (2002). Family resiliency in childhood cancer. *Family Relations*, 51, 103-111.

21 Nakashima, M. ve Canda, E. R. (2005). Positive dying and resiliency in later life : A qualitative study. *Journal of Aging Studies*, 19(1), 109-125.

22 Kumpfer, K. L. ve Barye, B. (2004). Parent/child transactional processes predictive of resilience or vulnerability to 'substance abuse disorders. *Substance Use and Misuse*, 39, 671-698.

23 Pilowsky, D. J., Zybert, P. A. ve Vlahov, D. (2004). Resilient children of injection drug users. *Journal of the American Academy of Child and Adolescent Psychiatry*, 43(11), 1372-1379.

24 Pölkki, P., Ervast, S. ve Huuponen, M. (2004). Coping and resilience of a mentally ill parent. *Social Work in Health Care*, 39, 12, 151-163.

25 Lin, K. K., Sandler, I. N., Ayers, T. S., Wolchik, S. A. ve Luecken, L. J. (2004). Resilience in parentally bereaved children and adolescents seeking preventive services. *Journal of Clinical Child and Adolescent Psychology*, 33(4), 673-683.

26 Tebes, J. K., Irish, J. T., Vasquez, M. P. ve Perkins, D. V. (2004). Cognitive transformation as a marker of resilience. *Substance Use and Misuse*, 39, 769-788

27 Chen, J. ve George, R. A. (2005). Cultivating resilience in children from divorced families. *The Family Journal: Counseling and Therapy for Couples and Families*, 13(4), 452-455.

28 Werner, E. E. ve Smith, R. S. (1982). *Vulnerable but invincible: A longitudinal study of resilient children and youth*. New York: McGraw-Hill.

29 Werner, E. E. ve Smith, R. S. (1992). *Overcoming the odds: High risk children from birth to adulthood*. Ithaca, NY: Cornell University Press

30 Werner, E. E. ve Smith, R. S. (2001). *Journeys from childhood to midlife: risk, resilience, and recovery*. Ithaca, NY: Cornell University Press.

31 Buckner, J. C., Mezzacappa, E. ve Beardslee,W. R. (2003). Characteristics of the resilient youths living in poverty: The role of self-regulatory processes. *Development and Psychopathology*, 15, 139-162.

32 Schoon, I., Parsons, S. ve Sacker, A. (2004). Socioeconomic adversity, educational resilience, and subsequent levels of adult adaptation. *Journal of Adolescent Research*, 19(4), 383-404.

33 Flores, E., Rogosch; F. A. ve Cicchetti, D. (2004). Predictiors of resilience inmaltreated and nonmaltreated Latino children. *Developmental Psychology*, 41(2), 338-351.

34 Wilcox, D. T., Richards, F. ve O'Keeffe, Z. (2004). Resilience and risk factors associated with experiencing childhood sexual abuse. *Child Abuse Review*, 13, 338-352.

35 Lansford, J. E., Patrick, S. M., Kristopher, I. S., Dodge, K. A., Bates, J. E. ve Pettit, G. S. (2006). Developmental trajectories of externalizing behaviors: Factors underlying resilience in physically abused children. *Development and Psychopathology*, 18, 35-55.

36 Goodman, J. H. (2004). Coping with trauma and hardship among unaccompanied refugee youths from Sudan, *Qualitative Health Research*, 14(9), 1177- 1196.

37 Agabi, C. E. ve Wilson, J. P. (2005). Trauma, PTSD, and resilience. *Trauma,Violence, and Abuse*, 6(3), 195-216.

38 Criss, M. M., Pettit, G. S., Bates, J. E., Dodge, K. A. ve Lapp, A. L. (2002). Family adversity, positive peer relationship, and children's externalizing behavior: A longitudinal perspective on risk and resilience. *Child Development*, 73, 1220-1237.

39 O'Donnell, D. A., Schwab-Stone, M. E. ve Muyeed, A. Z. (2002). Multidimensional resilience in urban children exposed to community violence. *Child Development*, 73, 1265-1282.

40 Reed-Victor, E. (2000). Resilience and homeless students: Supportive adult roles. (Ed: J. H. Stronge ve E. Reed-Victor) *Educating Homeless Students: Promising Practices. Larchomont*, NY: Eye on Education.

41 Reed-Victor, E. ve Stronge, J. H. (2002). Homeless students and resilience: Staff perspectives on individual and environmental factors. *Journal of Children and Poverty*, 8(2), 159-183.

42 Gizir, C. (2007). Psikolojik sağlamlık, risk faktörleri ve koruyucu faktörler üzerine bir derleme çalışması. *Turkish Psychological Counseling and Guidance Journal* , 3 (28) , 113-128.

43 Zimet, G. D., Dahlem, N. W., Zimet, S. G., & Farley, G. K. (1988). The Multidimensional Scale of Perceived Social Support. *Journal of Personality Assessment*, 52(1), 30–41.

44 Demirci Danışık, N. (2005). Ergenlerin Sürekli Öfke, Öfke İfade Tarzları ile Problem Çözme Becerileri Arasındaki İlişki, Yayımlanmamış Yüksek Lisans Tezi, Bolu: Abant İzzet Baysal Üniversitesi, Sosyal Bilimler Enstitüsü.

45 Marx, E. M., & Schulze, C. C. (1991). Interpersonal problem-solving in depressed students. *Journal of Clinical Psychology*, 47(3), 361–367.

46 Saygılı, H. (2000), "Problem Çözme Becerisi ile Sosyal ve Kişisel Uyum Arasındaki İlişkinin İncelenmesi", Yüksek Lisans Tezi, Atatürk Üniversitesi, Sosyal Bilimler Enstitüsü, Erzurum

47 Torgutalp, Ş. Ş. (2018). Yoga pratiğindeki asana, pranayama ve meditasyonun beyin dalgaları üzerine etkisi. *Spor Hekimliği Dergisi*, 53(2), 89-93.

48 Duyan, E. C. (2008). *Çalışma yaşamında yoga: iş tatmini ve stres yönetiminde etkileri üzerine bir araştırma.* Yayınlanmamış yüksek lisans tezi, Uludağ Üniversitesi, Bursa.

49 Akdeniz, B. (2017). *Yoga yapan bireylerin cinsel doyumlarının, beden farkındalıklarının ve yaşam memnuniyetlerinin değerlendirilmesi.* Yayınlanmamış yüksek lisans tezi, Işık Üniversitesi.

50 Kring, A M, Johnson SL, Davison G, Neale J (2010). Abnormal psychology. Hoboken, NJ: J. Wiley.

51 a.e bkz. 50.

52 Şakiroğlu M (2014). Öfke: Öfkeyi Olumlu Kullanmak. Postiga Yayınları, İstanbul.

53 a.e bkz. 50.

54 Goldstein, A. J., & Chambless, D. L. (1978). A reanalysis of agoraphobia. *Behavior Therapy*, 9(1), 47–59.

55 American Psychiatric Association. (2013). *Diagnostic and statistical manual of mental disorders* (5th ed.).

56 a.e bkz. 50.

57 Nall, R. (2019). Panic attack. (Healthline.com).

58 Öztürk Bİ, Şakiroğlu M, Akalın S, Özgüner İ (2020). Covid 19 Salgınının ve Karantinanın Psikolojik Etkileri. Journal of Turkish Studies, 154(Volume 15 Issue 4), 885-903. (Yayın No: 6496815)

59 McGraw-Hill, editör: Durak EŞ, Durak M, Kocatepe U. (2015). Aklımın Aklı: Psikoloji. Nobel Akademik Yayıncılık, Ankara.

60 a.e bkz. 50.

61 Şafak, Y. Say Öcal, D. Özdel, K., Kuru, E. Örsel, S. (2017) Obsesif Kompülsif Bozuklukta Boyutsal Yaklaşım: Boyutsal Obsesif Kompülsif Bozukluk Ölçeği Türkçe'nin Psikometrik Özellikleri, *Türk Psikiyatri Dergisi* 2017;28

62 a.e bkz. 55.

63 a.e bkz. 50.

64 Davis, E., McKay; Çeviri Editörü: Orçun Yorulmaz; Çeviren: M. Yalçın, S. T. Arıtürk; Yayın Tarihi: Mart 2017: Nobel Yayıncılık. ISBN: 9786059746212

65 a.e bkz. 50.

66 a.e bkz. 55.

67 a.e bkz. 64.

68 a.e bkz. 50.

69 a.e bkz. 50.

70 a.e bkz. 55.

71 Iqbal, N. ve Aslam, N. (2016). "Materialism, Depression, and Compulsive Buying among University Students". International Journal of Indian Psychology. 3(2). 91-102.

72 Faber, R. J. ve O'Guınn, T. C. (1989). "Classifying Compulsive Consumers: Advanxes in the Development of a Dignostic Tool". Advances in Consumer Research. 16. 738-744.

73 Şakiroğlu, M. (2021). Hayatının Anlamı Kaybettiğin Yerde: Mutsuz Değil Mutlusuzsun. Destek, İstanbul. ISBN: 9786254410710.

74 Şakiroğlu, M. POYRAZ AC (2018). Kapat: Çocukları sanal dünyadan koruma kılavuzu, Hayy Kitap, İstanbul, ISBN:6052214015.

75 Dixit, S., Shukla, H., Bhagwat, A., Bindal, A., Goyal, A., Zaidi, A., ve Shrivastava, A. (2010). A study to evaluate mobile phone dependence among students of a medical college and associated hospital of central India. Indian Journal of Community Medicine, 35(2), 339.

76 Rosen, L., Carrier, L. M., Miller, A., Rokkum, J., & Ruiz, A. (2016). Sleeping with technology: cognitive, affective, and technology usage predictors of sleep problems among college students. Sleep Health, 2(1), 49-56.

77 a.e bkz. 74.

78 a.e bkz. 74.

79 Noyan ve ark (2015). Akıllı telefon bağımlılığı ölçeğinin kısa formunun üniversite öğrencilerinde Türkçe geçerlilik ve güvenilirlik çalışması. Anadolu Psikiyatri Dergisi, 19, 73-81.

80 Gezgin, D. M., Şahin, Y. L., & Yıldırım, S. (2017). Sosyal Ağ Kullanıcılarının Nomofobi Düzeylerinin Çeşitli Faktörler Açısından İncelenmesi. Eğitim Teknolojisi Kuram ve Uygulama, 7 (1), 4-5.

81 Erdem, H., Türen, U., & Kalkın, G. (2017). Mobil Telefon Yoksunluğu Korkusu (Nomofobi) Yayılımı: Türkiye'den Üniversite Öğrencileri ve Kamu Çalışanları Örneklemi. Bilişim Teknolojileri Dergisi, 10 (1), 3.

82 a.e bkz. 74.

83 Gunuc, S. (2021). Siber Psikoloji. Anı Yayıncılık, Ankara. ISBN: 9786051705958.

84 T.C. Başbakanlık Kadının Statüsü Genel Müdürlüğü (2009 ve 2014). Türkiye'de Kadına Yönelik aile İçi Şiddet Araştırması, Ankara.

85 World Health Organization. (2003). Guidelines for medico-legal care for victims of sexual violence. Geneva, Switzerland.

86 Yetim, D., Şahin, E.M. (1998). Aile hekimliğinde kadına yönelik şiddete yaklaşım. Aile Hekimliği Dergisi, Cilt 2, Sayı 2

87 Sargın, A. (2012). Kadına Yönelik Şiddet ile Mücadele ve Şiddete Uğrayan Kadınlara Destek Mekanizmaları. CFCU & ECORYS & GAP.

88 a.e bkz. 84.

89 World Health Organization. (2002). World report on violence and health: Summary. Geneva, Switzerland.

90 a.e bkz. 84.

91 a.e bkz. 84.

92 Burgess A. W., Holmstrom, L.L. (1974). Rape trauma syndrome. American Journal of Psychiatry, 131; 981-986.

93 a.e bkz. 85.

94 Yüksel, FT, Karataş, B, Saygılı, E., Çolak, A. (2018). Şizofreni ve medya: damgalamanın önlenmesi. *Sosyal hizmet*, 14.

95 Çam, O., & Çuhadar, D. (2011). Ruhsal hastalığa sahip bireylerde damgalama süreci ve içselleştirilmiş damgalama. Psikiyatri Hemşireliği Dergisi, 2(3), 136-140.